智库丛书
Think Tank Series
国家发展与战略丛书
人大国发院智库丛书

政府参与方式对区域导向型政策效果的影响

The Impact of the Government's Participation Modes on the Effectiveness of Place-based Policies

康佳丰 著

中国社会科学出版社

图书在版编目（CIP）数据

政府参与方式对区域导向型政策效果的影响 / 康佳丰著. -- 北京：中国社会科学出版社，2025.5. （国家发展与战略丛书）. -- ISBN 978-7-5227-4932-7

Ⅰ.F127

中国国家版本馆 CIP 数据核字第 2025NC8876 号

出 版 人	赵剑英	
责任编辑	郭曼曼	
责任校对	韩天炜	
责任印制	李寡寡	

出　　版	中国社会科学出版社	
社　　址	北京鼓楼西大街甲 158 号	
邮　　编	100720	
网　　址	http://www.csspw.cn	
发 行 部	010-84083685	
门 市 部	010-84029450	
经　　销	新华书店及其他书店	
印　　刷	北京明恒达印务有限公司	
装　　订	廊坊市广阳区广增装订厂	
版　　次	2025 年 5 月第 1 版	
印　　次	2025 年 5 月第 1 次印刷	
开　　本	710×1000　1/16	
印　　张	13.75	
字　　数	155 千字	
定　　价	75.00 元	

凡购买中国社会科学出版社图书，如有质量问题请与本社营销中心联系调换
电话：010-84083683
版权所有　侵权必究

前　言

改革开放以来，中国的经济社会发展取得了巨大成就，其中一个重要制度成因和突出特征是包括区域政策在内的经济政策的广泛运用。这些区域政策具有明确的空间指向性，即区域经济学所说的"区域导向型政策"（place-based policy）。特别是近二十年来，区域导向型政策不仅成为学界的研究热点，也成为中国取得长期高速增长奇迹的重要抓手，并在实践中见诸中国几乎所有的地域空间范围。"集中力量办大事""让一部分人一部分地区先富起来""先富带动后富"，这些都是区域导向型政策的发展理念，也是改革开放后中国经济发展方向和路径的指导思想。因此，正确评估区域导向型政策对中国经济增长的作用，具有重要的理论价值和现实意义。

现阶段，大量研究对区域导向型政策的经济效应进行了讨论，得到的结论各异，甚至同一政策在不同地区的效应也各不相同，这一现象在转型经济体中体现得尤其明显。本书认为，导致这一问题的重要原因是政府作用的异质性。对转型经济体而言，地方政府在助推经济发展时起到了至关重要的作用，其配置资源的方式、抓手、目标的差异直接导致了包括区域政策在内的经济政策的效果截然不同。同时，对以中国为典型代表的转型经济体而言，在分税制和人员晋升机制下，地方政府有较大的积极性和主动性发展本辖区经济，这也意味着地方政府配置资源的差异会导致政策结果出现较大的异质性。因此，从政府参与区域导向型政策的视角切入，聚焦于中国这样一个整体发展迅速但地区发展差距明显的经济体，探讨政府参与政策方式的差异如何影响区域导向型政策的增长效应，对于正确评估区域导向型政策的经济效应并解释政策效应的区域异质性，无疑是洞中肯綮且恰如其分的。

鉴于此，本书从政府参与方式的角度切入，系统地研究了不同政府参与方式的区域导向型政策如何影响区域经济的增长。在综述现有研究的基础上，本书界定了区域导向型政策和政府参与方式的概念，梳理了中国区域导向型政策的实施历程，构建起本书的整体理论分析框架，并划分了中国典型的区域导向型政策类别。进一步地，本书分别选取各类别的典型政策，实证检验了不同政府参与方式的区域导向型政策对经济增长的影响，并分析了其作用机制。最后，基于上述分析和研究结论，本书提出了有针对性的政策建议和启示。

本书认为，根据政策的空间属性和政府参与方式，区域导向型政策主要分为政府干预主导型、政府自发合作型和政府培育引导型三种类型。改革开放以来，中国的区域导向型政策经历了漫长的演变，上述三种类型的区域导向型政策在中国都有实施。本书进一步从区域导向型政策在中国的实践中选取了典型的区域导向型政策，并依据特征性数据和政策文本对其类型进行划分，从而为后面实证分析提供理论基础和事实依据。

本书接下来实证检验了不同政府参与方式下区域导向型政策对经济增长的影响。首先，本书以全面振兴东北地区等老工业基地战略为例，研究了政府干预主导型区域政策的效果及作用机制。研究发现，政府干预主导型区域政策可能会使区域陷入"政策陷阱"。进一步机制分析发现，一方面，政府干预主导型的区域导向型政策对于能够直接调控的资源具有直接快速的影响，如吸引投资、为企业提供补贴、降低赋税等；另一方面，政府干预主导型的区域政策往往会造成挤出效应，影响区域的均衡发展。其次，本书以长三角扩容为例，评价了政府自发合作型区域政策的效果及作用机制。研究发现，长三角扩容能够显著推动城市经济增长，即政府自发合作型区域政策对于经济增长有促进作用。机制分析发现，被纳入长三角城市群名单对于城市经济增长的促进作用是通过提升区域合作背景下的基础建设水平、居民消费水平、对外开放程度和科技创新水平实现的。再次，本书以创新型城市试点为例，研究了政府培育引导型区域政策对经济增长的影响及作用机制。研究发现，创新型城市试点显著提高了城市的经济增速，对于第二产业的增速有更大的影响，即政府培育引导型区域政策对于经济增长有促进作用。机制分析发现，创新型城市可以通过提升城市创新能力，增强城市经济增长的内生动力促进经济增长。最后，本书基于上述分析提出了一些政策建议。对于政府干预主导型区域政策，政府应该注意扬长避短，着眼于培育地区经济发展的潜力，以提质增效为政策核心目的，充分发挥政策红利。对于政府自发合作型区域政策，政府应该着眼于促进要素在区域间的自由流动和有效配置，从而保证政策能够发挥正向效应。对于政府培育引导型区域政策，政府应该重点培育经济增长的长期动力，工作重点是更好地设计与培育引导型实施路径和机制。

  本书的创新点主要体现在以下几个方面。第一，从政府参与方式的角度切入，考察了政府参与方式对区域导向型政策增长效应的影响。对于区域导向型政策，政府以不同的方式参与其中可能会导致不同的政策效果。第二，可靠地识别了不同类型的区域导向型政策的经济增长效应。在评估政策效果和研究作用机制时，本书采用双重差分的方法和较为丰富的数据库，对因果关系进行了细致的识别。第三，创新性地利用政策文本分析和词云分析方法，对中国典型的区域导向型政策进行了量化分析，进而识别出政府参与方式、属性特征，在方法和思路上具有较好的创新性，也可以为相关政策研究提供借鉴。

目 录

第一章 导论 ……………………………………………………… (1)
    第一节 研究背景和选题意义 ………………………………… (1)
    第二节 研究方法 ……………………………………………… (4)
    第三节 研究框架 ……………………………………………… (6)
    第四节 创新之处 ……………………………………………… (13)

第二章 文献综述 ……………………………………………… (16)
    第一节 区域导向型政策的经济效应 ………………………… (16)
    第二节 区域导向型政策的典型实践评估 …………………… (23)
    第三节 区域导向型政策的作用机制和溢出效应 …………… (30)
    第四节 资源配置方式的经济效应 …………………………… (33)
    第五节 文献评述 ……………………………………………… (39)

第三章 概念界定与中国典型实践 …………………………… (41)
    第一节 概念界定 ……………………………………………… (41)
    第二节 中国区域导向型政策的典型实践 …………………… (52)

第三节　中国区域导向型政策中政府参与方式的
　　　　典型案例与识别 ·· (61)
第四节　小结 ·· (72)

第四章　政府干预主导型区域政策与经济增长
　　　　——基于东北振兴的分析 ·························· (75)
第一节　政策背景 ·· (78)
第二节　方法和数据 ·· (82)
第三节　基础回归和稳健性检验 ································ (87)
第四节　政策作用机制 ·· (96)
第五节　小结 ·· (102)

第五章　政府自发合作型区域政策与经济增长
　　　　——基于长三角扩容的分析 ······················ (105)
第一节　理论分析 ·· (107)
第二节　识别策略、变量和数据 ······························ (111)
第三节　基础回归结果 ·· (114)
第四节　稳健性检验 ·· (116)
第五节　机制分析 ·· (120)
第六节　小结 ·· (127)

第六章　政府培育引导型区域政策与经济增长
　　　　——以创新型城市试点为例 ······················ (129)
第一节　政策背景和理论梳理 ·································· (131)

第二节 识别策略、变量和数据·················(138)
第三节 基础估计结果和稳健性检验···············(142)
第四节 机制分析·······················(151)
第五节 小结·························(156)

第七章 结论与启示························(158)
第一节 主要观点·······················(158)
第二节 政策启示·······················(161)
第三节 不足之处·······················(165)

附录 区域导向型政策文件汇总··················(168)

主要参考文献··························(178)

图表索引

图 1-1 技术路线 …………………………………… (9)

图 3-1 振兴东北地区等老工业基地政策词云 …………… (65)

图 3-2 振兴东北地区等老工业基地政策中关键词核密度分布 …………………………………… (66)

图 3-3 长三角扩容政策词云 …………………………… (67)

图 3-4 长三角扩容政策中关键词核密度分布 …………… (69)

图 3-5 创新型城市试点政策词云 ……………………… (69)

图 3-6 创新型城市试点政策中关键词核密度分布 ……… (70)

图 4-1 平行趋势检验结果 ……………………………… (90)

图 5-1 平行趋势检验 …………………………………… (118)

图 6-1 国家创新型城市建设情况 ……………………… (132)

图 6-2 GDP 增速平行趋势检验 ………………………… (145)

图 6-3 人均 GDP 增速平行趋势检验 …………………… (145)

图 6-4 第二产业增速平行趋势检验 …………………… (146)

图 6-5 第三产业增速平行趋势检验 …………………… (146)

图 6-6　安慰剂检验 …………………………………………（151）

表 3-1　基于概念界定的政策分类 …………………………（49）
表 3-2　中国部分代表性区域导向型政策实施时间 …………（52）
表 3-3　不同政府参与方式的关键词 …………………………（64）
表 3-4　政策间不同关键词频数对比 …………………………（71）
表 4-1　变量名称、含义及计算方法 …………………………（85）
表 4-2　描述性统计 ……………………………………………（86）
表 4-3　基础回归结果 …………………………………………（88）
表 4-4　稳健性检验 ……………………………………………（92）
表 4-5　蒙东三市及内蒙古其他地区 …………………………（93）
表 4-6　东北三省老工业基地及其他地区城市 ………………（95）
表 4-7　基础设施机制评价结果 ………………………………（97）
表 4-8　生产性投入机制评价结果 ……………………………（100）
表 5-1　描述性统计 ……………………………………………（113）
表 5-2　双重差分估计结果 ……………………………………（115）
表 5-3　匹配双重差分估计结果 ………………………………（119）
表 5-4　固定资产投资估计结果 ………………………………（121）
表 5-5　社会消费品零售总额估计结果 ………………………（122）
表 5-6　对外开放程度估计结果 ………………………………（124）
表 5-7　专利数量估计结果 ……………………………………（125）
表 6-1　变量与指标 ……………………………………………（140）

表6-2　描述性统计 …………………………………………（141）

表6-3　基础回归结果 ………………………………………（143）

表6-4　进一步控制前定变量的时间趋势 …………………（148）

表6-5　控制省份和年份联合固定效应结果 ………………（149）

表6-6　创新产出的影响——发明专利数量 ………………（152）

表6-7　创新投入的影响——高校教师数量 ………………（154）

表6-8　对机制变量的影响 …………………………………（155）

第一章

导 论

◇ 第一节 研究背景和选题意义

改革开放以来,中国的经济社会发展取得了巨大成就,其中一个突出特征就是经济政策的积极运用。其中,大量经济政策具有明确的空间指向性,即区域经济学研究中的"区域导向型政策"(place-based policy)[①]。近年来,不仅在学术上,针对区域导向型政策的研究逐渐成为区域经济学研究中的一个重点(Barca et al.,2012;Hewings,2014;魏后凯,2008;赵勇、魏后凯,2015),而且在实践上,中国区域导向型政策的实施方向也在不断调整。第十三届全国人民代表大会第四次会议发布的《政府工作报告》及《中华人民共和国国

[①] 本书将 place-based policy 译为"区域导向型政策",也有研究称之为"区位导向性政策"或"地本政策"。

民经济和社会发展第十四个五年规划和 2035 年远景目标纲要》（以下简称《纲要》）也对区域发展空间格局优化提出了更高层次的要求。《纲要》明确提出，要"深入实施区域重大战略、区域协调发展战略、主体功能区战略，健全区域协调发展体制机制，构建高质量发展的区域经济布局和国土空间支撑体系"。因此，研究区域导向型政策具有重大的学术和现实意义。

区域导向型政策的已有研究汗牛充栋，但是这部分研究往往只关注对于政策效果的评价，研究结论具有一定的局限性。一方面，就区域导向型政策的经济效果是积极的还是消极的，现有研究没有较为一致且令人信服的结论。如 Lu 等（2019）的研究发现了中国的开发区政策有效地提升了企业产出水平和生产率，但是属于相同类型的美国田纳西河流域的开发政策却产生了截然相反的经济效应，并没有对整体的经济产出有显著提升（Kline and Moretti, 2014）。另一方面，已有理论研究也没有系统地解释为何区域导向型政策会导致差异性的政策效果。例如，中国针对四大板块区域分别出台的相应的区域导向型政策，尽管研究发现它们的政策效果存在较大差别，但是对这些差别出现的原因却仍然没有形成共识。尽管已经有一些分析区域导向型政策的效果差异的研究，但是它们主要从政策机制和实施路径等具体的政策设计方面入手。对于政策机制的研究，主要集中于政策实施的原因、预期目标上（魏后凯，2008；Barca et al., 2012；赵勇、魏后凯，2015），对具体实施路径的分析集中于政策优惠、公共投资、基础设施补贴等手段上（Martin and Sunley, 2011；Hewings, 2014；

Neumark and Simpson，2014）。

遗憾的是，现有关于区域导向型政策效果差异的研究往往忽视了这些政策背后的决定性力量带来的差异，即政府参与方式的差异对区域导向型政策经济效应的影响。其基本逻辑是：区域导向型政策会通过额外的资源投入改变地区的发展路径，政府对这部分的资源具有极大的分配权，不同的政府参与方式会自然地导致不同的资源配置方式，表现为区域政策设计了不同的政策机制，采取了不同的政策实施路径。例如，对于全面振兴东北地区等老工业基地等以政府干预为主的政策中，政府主要通过直接投入的资源配置方式，采取免税、补贴等实施路径落实区域政策；对于综合配套改革试验区等以政府培育为主的政策中，政府主要通过间接优化的资源配置方式，采取制度改革、优化环境为主的实施路径落实区域政策。总之，这些不同的政府参与方式导致了不同的政策实施路径，最终产生了潜在的政策效果异质性。

因此，本书将政府参与方式纳入区域导向型政策的分析框架，试图为区域导向型政策的效果差异提供一个完整的分析框架与理论解释。本书的具体思路如下。首先，在对政府参与方式进行概念界定的基础上，基于对中国区域导向型政策的历史梳理，归纳出典型的政府参与方式及其对应的区域导向型政策，构建出本书的分析框架。其次，基于从政府参与方式角度对区域导向型政策进行划分，本书分别评价了全面振兴东北地区等老工业基地、长三角扩容和创新型城市试点三个典型的区域导向型政策。由于区域经济增长是区域导向型政策比较关注的经济指标，也是政府考核的重要政绩考评指标，因此，本书将政策的评价主要集中在区域经济增长方面，并在此基础上分析了影响机制。最后，本书基于理论分析框架和实证研究结果，提出了优化区域导向型政策实施效果的政策建议。

就本书的贡献而言，在学术上，基于政府参与方式的视角分析了区域导向型政策对经济增长的影响，可以为未来关于中国区域导向型政策的学术研究提供一个理论分析框架。而且，本书解释了在同样的制度环境下区域导向型政策产生不同政策效果的原因，丰富了关于区域导向型政策的经验研究。在实践上，本书对改革开放以来中国实施的典型区域导向型政策进行了评价，并发现了政府不同参与方式带来的政策效果差异，可以为以后的区域导向型政策制定与实施提供参考，具有重大的现实意义。

◇ 第二节 研究方法

一 概念模型分析法

本书拟先借助概念模型的方法构建分析框架，利用归纳的方法提炼总结研究问题，再通过演绎的方法对研究问题进行论证。具体而言，本书首先对核心概念进行界定与分析，梳理区域导向型政策的实施历程，进而归纳出区域导向型政策的典型类型。然后，本书利用逻辑演绎的分析方法，构建区域导向型政策影响经济增长的理论逻辑，并通过中国的现实数据进行验证。总之，本书通过构建概念模型的方法，将归纳分析和演绎分析相结合，构建中国区域导向型政策影响经济增长的完整图景。

二 计量经济学方法

在经验研究中，本书主要选取典型的区域导向型政策作为外生冲击，采用双重差分的方法进行估计。本书将各种类型的区域导向型政策看作一个"准自然实验"，其中受到政策影响的区域为处理组，未受到政策影响的区域为控制组，通过比较处理组和控制组在政策实施前后的变化，进而估计出区域导向型政策的净效应。为了更全面地控制城市和年份的特征，避免由于处理组和对照组内部存在较大差异而对估计结果造成影响，在参考相关研究文献的基础上，本书进一步利用控制双向固定效应的饱和模型进行估计，从而准确地评价区域导向型政策对经济增速的影响。总之，本书的经验研究部分，按照上述的总体思路，采取计量经济学的方法，对区域导向型政策的作用效果进行评估与分析。

三 文本分析方法

本书采用文本分析法为经验研究选取典型的区域导向型政策。因为政策文件是政策实施的依据，其文本可以体现出政府参与方式，因此，本书采取文本分析的方法对政策文件进行分析，从而提炼出各种政策中的政府参与方式。本书首先利用北大法宝等数据库收集了政策文件，并对政策文本进行人工阅读，保留内容为政策实施举措的政策文件。然后，本书采用数据挖掘的方法，对政策文本进行分词，统计出政策文本中所有类型词语的词频，以此体现政府参与方式的差异。最后，本书还将数据挖掘与人工分析相结合，通过人工定义出能反映政府参与方式的关键词，再统计关键词在各类文件中出现的频次，从而体现不同类型政策政府参与方式的差异。

第三节 研究框架

一 研究范围

本书的核心研究问题是在区域导向型政策的执行中，不同的政府参与方式如何影响政策对区域经济增长的作用效果。为了清楚地分析此问题，本书首先对其中涉及的关键概念进行简要说明，从而明确本书的研究范围。具体的概念界定及理论分析将在第三章进行详细论述。

首先，本书研究的出发点是区域导向型政策。区域导向型政策是指基于不同地区的异质性，针对部分特定的区域实施针对性的干预政策。例如，对特定地区提供政策优惠、公共投资、基础设施补贴等差别化的激励政策，都属于区域导向型政策的范畴。本书重点关注的问题就是在中国实践中此类针对特定区域的空间政策是如何影响区域经济增长的。

其次，本书研究的着眼点是政府参与方式。政府参与方式是政府职能模式在区域政策中的具体表现，是承担这些职能的条件、方式和方法，以及所需资源的保障和获取方式（张康之，2010）。在中国的政策实践中，政府在不同政策中的参与方式有很大差异。[①] 例如，在部分政策中，政府以直接支持为主的方式参与其中，通过直接的资源投入扶持区域发展；而在部分政策中，政府以管理体制改革的方式参与其中，通过构建良好的发展环境促进区域发展。本书重点关注的问题就是，在区域导向型政策的实践中，不同的政府参与方式会如何影响政策的效果。

最后，本书研究的落脚点是区域经济增长。本书中的区域经济增长指的是地区生产总值的增长。诚然，区域导向型政策的目标多元，因此，选择多元的被解释变量可以更加全面地评价区域导向型政策的效果。但是，本书最终仍然选择聚焦区域经济增长这一单一维度，并将其视为核心研究对象，其原因如下。第一，经济增长是大多数区域导向型政策的共同目标。在过去以经济建设为中心的指导思想下，以

---

① 在区域导向型政策的实践中，政府包括中央政府和地方政府，二者参与政策的方式有很大差异，都发挥着不可替代的作用。本书分析的重点不是对中央政府和地方政府的行为进行区分，而是关注政府在区域导向型政策实践过程中参与方式的差异，而这种差异实际上主要反映在地方政府方面。

及以 GDP 为核心的锦标赛体制下，许多区域导向型政策的目标就是发展区域经济，因此，选择区域经济增长为核心研究对象可以较好地反映政策效果。第二，本书的主要创新点在于分析不同的政府参与方式对区域导向型政策效果的影响，因此选取单一的评价指标可以更好地突出不同政府参与方式的影响，更清晰地反映出本书的研究问题。第三，区域经济增长的指标容易获得，数据可信度高，指标含义也有更广泛的共识，这为本书的实证分析提供了良好的基础。

二 研究思路

本书主要遵循"归纳—实证—实践"的研究思路展开（见图1-1）。首先，从区域导向型政策和政府参与方式的概念出发，总结中国区域导向型政策的历史进程，对特征性事实和政策文本进行分析，划分出中国典型的区域导向型政策的政府参与类型，归纳出本书的分析框架。其次，利用计量经济学的方法对不同政府参与方式的政策效果进行实证检验，并进一步分析各个典型政策发挥作用的机制。最后，根据理论和实证结果，提出指导中国区域导向型政策实践的政策建议。具体思路如下。

（一）理论分析

本书研究的核心问题是不同的政府参与方式如何影响区域导向型政策对经济增长的作用效果，首要任务是对区域导向型政策中的政府

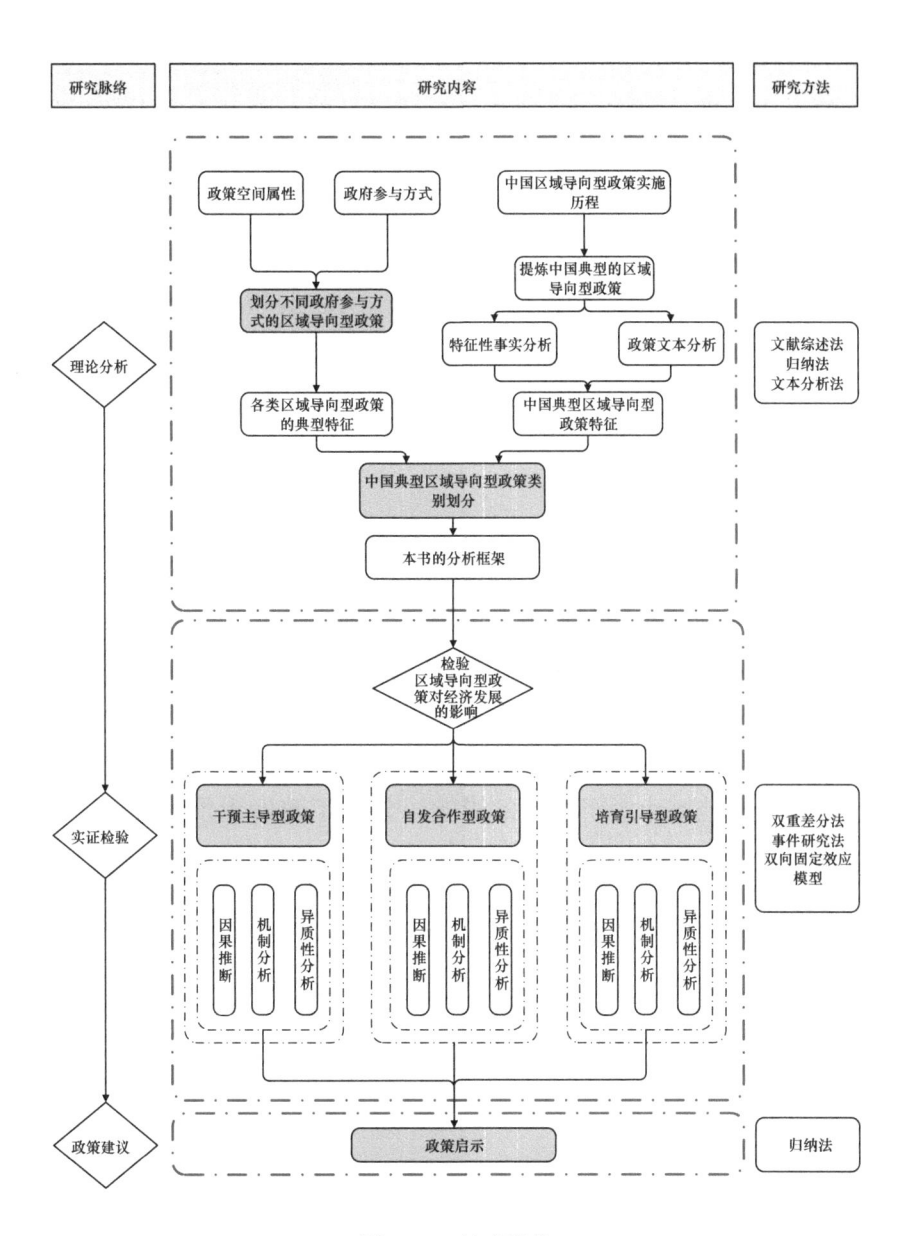

图 1-1 技术路线

资料来源：笔者绘制。

参与方式进行合理的划分和界定。本书首先依据区域导向型政策和政府参与方式的理论研究，对二者概念进行界定，归纳出本书分析的概念性框架和不同政府参与方式的区域导向型政策的典型特征。其次，本书对中国的区域导向型政策文件进行梳理，对中国区域导向型政策实践中的政府参与方式进行归纳。最后，从数据和文本两个维度对典型的区域导向型政策进行分析，明确归纳出中国典型的区域导向型政策的政府参与类型，为后面实证研究提供基础。

(二) 实证检验

在归纳分析的基础上，本书依据政府参与方式的差异，分别对各类型区域导向型政策对区域经济增长的作用效果和影响机制进行实证检验。具体而言，本书估计了振兴东北地区等老工业基地战略对东北地区老工业基地城市经济增长的影响，分析了政府干预主导型区域政策对经济增长的影响效果；估计了长三角扩容政策对于纳入长三角城市群名单的城市经济增长的影响，评估了政府自发合作型区域政策对于经济增长的影响；估计了创新型城市试点政策对试点城市经济增速的影响，测度了政府培育引导型区域政策对城市经济增长的影响。

(三) 政策建议

以现实问题为导向的研究，最终落脚点应该回归研究的实践意义。因此，本书在分析各类型区域导向型政策效果和作用机制的基础上，提出相应的政策建议。对于政府干预主导型区域政策，政府应该注意扬长避短,着眼于对地区经济发展潜力的培育,以提质增效为政策的核心目的,充分发挥政策红利。对于政府自发合作型区域政策,政府应该着眼于促进要素在区域间的自由流动和有效配置,从而保证政策能够发挥正向效应。政府培育引导型区域政策重点培育的是经济增长的长期动力,不会使经济产生对政策的依赖性,政府的工作重点是更好地设计培育引导型政策,完善培育引导型政策的机制。

三 研究内容

本书共有七个章节,除了本章作为导论,其余章节总体可以分为以下三个部分:第二章和第三章为第一部分,主要综述了以往的相关研究,归纳出了本书的分析框架。第四章到第六章为第二部分,分别以全面振兴东北地区等老工业基地政策、长三角扩容政策、创新型城市试点政策作为三种政府参与类型进行政策效果评估。第四章以振兴东北地区等老工业基地的系列区域政策评估政府干预主导型区域政策的影响,第五章以长三角扩容政策评价政府自发合作型区域政策对于经济增长的影响,第六章以创新型城市试点入选来测度政府培育引导型区域政策对城市经济增长的影响。第七章为第三部分,总结全文并提炼第四章到第六章的政策启示,提出具有一定实践意义的政策建议。各章节具体内容如下。

第二章梳理了区域导向型政策现有的文献。本章从区域导向型政策对地区经济增长的影响以及区域导向型政策的作用机制两个角度展开，不仅总结了区域导向型政策的作用效果及作用机制，也分析了现有研究发现的不同机制的效果差异。本章认为，现有文献对区域导向型政策的效果进行了比较丰富的研究，发现区域导向型政策效果具有较强的异质性，这种异质性也体现在不同的政策机制之中，然而，对于这种异质性的来源仍有待进一步研究。

第三章构建了本书的分析框架。首先，本章通过概念界定的方式，对经济政策的区域导向性和政府参与方式进行了划分，认为政策从区域导向性看可以分为区域导向型政策和空间中性政策，从政府的参与方式看可以分为政府干预主导、政府自发合作和政府培育引导三种类型。在此基础上，本章进一步总结了各类政策的特征。其次，本章对改革开放以来的区域导向型政策实施历程进行梳理，并提炼出了一些典型的区域导向型政策。最后，本章从特征性事实和政策文本两个角度分析了这些典型的区域导向型政策，根据其特征划分出政府参与方式，为后面分析打下基础。

第四章以东北地区为例，研究政府干预主导型区域政策的效果及作用机制。本章研究振兴东北地区等老工业基地政策对东北地区经济的影响，并进一步研究政策的作用机制，即探讨政府干预主导的区域政策所形成的区域经济特征和结构是否有利于地区经济发展，政府干预主导的区域政策工具能否充分发挥其预设的直接和间接的效用。

第五章以长三角扩容为例，评价政府自发合作型区域政策的效果及机制。本章分析城市进入长三角城市群名单之后能否取得基础设施建设、居民消费、对外开放和科技创新等方面的提升，从而促进城市经济增长，进一步分析政府自发合作型区域政策对当地经济增长的作用机制，即是否有利于促进要素在区域间的自由流动和有效配置。

第六章以创新型城市试点政策为例，研究政府培育引导型区域政策对经济增长的影响。本章通过双重差分的方法研究了创新型城市建设对于城市经济增长的影响，并对影响的机制进行了分析。研究发现，创新型城市试点提高了城市的经济增速，并且对于第二产业的增速有更大的影响。机制分析发现，创新型城市可以通过提升城市创新能力的途径，促进城市的内生增长动力。

第七章是对全书结论的总结和梳理，并提出相应的政策建议。对于政府干预主导型区域政策，政府应该注意扬长避短，着眼于对地区经济发展潜力的培育，以提质增效为政策的核心目的，充分发挥政策红利。对于政府自发合作型区域政策，政府应该着眼于促进要素在区域间的自由流动和有效配置，从而保证政策能够发挥正向效应。政府培育引导型区域政策重点培育的是经济增长的长期动力，不会产生对政策的依赖性，政府的工作重点应是更好地设计培育引导型政策，完善培育引导型政策的机制。

◇ 第四节 创新之处

第一，本书从政府参与方式的角度切入，考察了政府参与方式对区域导向型政策增长效应的影响，为区域导向型政策的实施效果为何存在差异性质、现象提供了解释。研究发现，政府干预主导型区域政策对能够直接调控的资源具有直接、快速的影响，但是容易导致政策依赖性，难以深入发挥效用；政府自发合作型区域政策确实能够影响当地经济增长，而能否起到正向促进作用，取决于区域政策是否促进要素在区域间的自由流动和有效配置；政府培育引导型区域政策可以有力地促进经济增长，且重点培育的是经济增长的长期动力，不会使经济产生对政策的依赖性，实施培育引导型政策的关键在于完善机制。因此，对于区域导向型政策，政府以不同的方式参与其中可能会导致不同的政策结果。

第二，本书可靠地识别了不同类型区域导向型政策的经济增长效应，并分析了各类政策影响经济增长的不同机制。本书整理了城市统计年鉴数据、夜间灯光数据等，形成了一个较为丰富的数据库，在此基础上，采用计量经济学的方法对因果关系进行了细致识别。具体而言，本书选择振兴东北地区等老工业基地、长三角扩容、创新型城市试点作为三类政策的典型代表，采用双重差分的方法估计了各个政策对区域经济增长的影响，并进行了针对性的稳健性检验。在发现了不同类型的区域导向型政策的异质性影响后，本书又从政府参与方式的角度进行了机制分析，实证检验了政策效果存在差异的原因。

第三，本书创新性地利用政策文本分析和词云分析方法，对中国典型区域导向型政策进行了量化分析，进而识别出政府参与方式、属性特征，从方法和思路上有较好的创新，也为相关政策研究提供借鉴。在政策分析部分，本书不仅采用了定性的方法，细致梳理了中国改革开放以来出台的各种政策，而且定量地分析了各类政策文本的典型特征。本书完全基于政策文本，采用文本挖掘的方法，对政策文件用词进行量化，从而反映出政策特征。本书也通过事先定义"词典"的方法，对政策文件中关键词的词频进行量化分析，从而定量地反映出区域导向型政策政府参与方式的差异。本书所用方法很好地反映出了政策文本的量化特征，为未来更客观地进行政策研究提供了新思路。

第二章

文献综述

◇ 第一节 区域导向型政策的经济效应

一 区域导向型政策有效论

区域导向型政策的应用可以视为对完全竞争理论在区域经济发展中应用的否定，即在市场失灵的条件下，政府需要对经济进行干预，通过资源配置，影响产业部门和企业个体的活动。这一观点与内生增长理论相契合。内生增长理论认为，经济长期增长是由区域内部因素决定的，如资本积累、工业结构、人力资本、制度要素等。这些因素都内生于特定的区域，决定了其特有的社会和经济关系结构及竞争力，使各区域能够以绝对优势生产国际需求的商品，通过创新保持这种优势，并吸引来自外部的新资源。因此，作为一个特定的社会和经济关系系统，空间使得一个区域与其他区域不同，区域导向型政策也就显得尤为必要。

已有的政策实践和理论研究也充分说明了区域导向型政策的有效性。首先，政策工具的直接影响往往具有非常显著的政策效果。欧盟通过设置结构基金对地区发展进行投资，显著地提升了人均 GDP 的增长率（Becker et al.，2010）。德国政府也为结构薄弱地区提供了类似的投资补助方案，对地区一级的总产值和生产率增长都有积极影响。印度政府 1994 年提出的免税计划也展现出了类似的效果。该计划在短期内使企业进入数量和就业显著增加，特别是在经济基础较好的地区的轻工制造业企业（Hasan et al.，2021）。中国的西部大开发政策也呈现出了类似的效果。通过大规模的实物投资，西部地区生产总值增速提高了 1.6 个百分点（Jia et al.，2020）。

其次，随着政策影响的深入，区域导向型政策对地区发展环境的影响开始显现。研究表明，2000 年初，包括基础设施投资、补贴和免税在内的一揽子综合措施的实施促进了印度北阿坎德邦的经济发展，改善了当地的基础设施条件。田纳西河谷管理局的基础设施项目和印度的大规模公路和铁路建设计划也得出了类似的结论，表现出了很强的综合效应，提升了地区综合发展水平，改善了地区的劳动力福利和职业选择模式。开发区的设立同样具有类似的正外部性，它可以增强城市对外商直接投资的吸纳力度，提高所在城市工人的平均工资（Wang，2013），提升企业全要素生产率，促进周边住宅和零售业发展，进而促进内部产业结构优化和推动地区制造业升级。

最后，区域导向型政策也能够进一步增强集聚效应，培育经济增长极。对于大部分区域来说，培育一个具有相对优势的增长极，能够起到引领经济发展的作用。以开发区作为区域发展的增长极，能够显著促进区内企业创新，对民营企业和中低技术行业创新的促进作用更为显著（马恩等，2019）。开发区的设立还可以通过提升就业市场的规模与质量，降低当地的就业错配程度（郑思齐等，2020）。

二　区域导向型政策无效论

传统的新古典经济学家认为，市场竞争是经济发展的驱动力。在理论层面，新古典经济学在严格的假设前提下证明了市场机制是非常有效的资源配置方式，因此认为经济运行不需要区域导向型等政府干预政策，并且认为类似的政策会导致效率扭曲。

理论上，区域导向型政策无效是因为受到以下因素的影响。首先，集聚经济理论认为，落后地区的集聚收益通常小于发达地区，因此，向落后地区倾斜的区域导向型政策会导致社会总福利损失，政策无效（Neumark and Simpson，2014）。其次，受限于政府有限的认知能力、追求短期利益、信息不足以及激励扭曲等因素，政府失灵现象无法避免（Rodrik，2004）。如为了实现经济增长，地方政府干预导致国企过度投资（唐雪松等，2010）。最后，地方政府内部利益分化导致政府从市场经济中攫取更多资源，降低资源配置效率。在晋升激励的零和博弈中，地方官员往往采取以邻为壑的恶性竞争策略，阻碍了要素市场的有效供给，出现了资源错配，对全要素生产率产生了抑制效应，也可能导致投资过热，影响宏观经济的稳定（郭庆旺、贾俊雪，2006）。由于政府失灵的存在，区域导向型政策很难达成预期效果，还存在成为寻租工具的风险。受政治因素的影响，一些区域导向型政策在制定或实施时过度追求社会目标而非经济目标，效率问题不被重视，并且追求经济目标的产业政策也可能会受到政治因素的影响，从而影响效率的实现（杨瑞龙，2019）。

中国是区域导向型政策实施较为密集的国家之一，所以国内也有大量的经验研究否定了区域导向型政策的有效性。西部大开发政策始于2000年，是中国一项大型区域导向型政策。政策的实施使得西部地区有大量的投资优惠待遇，工业化进程也实现高速推进。然而，非农就业或工资的增长却并不显著。此外，国内生产总值的增长效应主要来自大规模的实物投资，而非全要素生产率的提高（Jia et al.，2020）。能源开发对人力资本和科技创新更是产生了挤出效应（邵帅、齐中英，2008）。长江三角洲地区是中国经济非常有活力的地区之一，但是研究表明，长三角合作范围扩大后，对经济规模变化而言呈现出显著的负边际效应，从而损害了经济集聚的趋势（吴俊、杨青，2015）。也有研究认为，开发区造成的资源分配扭曲与其区域偏向的属性有关，开发区政策的广泛应用并不能作为其推动经济发展和效率提升的有力证据（Neumark and Kolko，2010；Busso et al.，2013）。一些研究证实，2003年后在中国实施的开发区政策扭曲了资源配置的效率，区域导向型政策并未提高经济的全要素生产率，反而降低了经济增长的整体质量（陆铭、向宽虎，2014；丁嵩、孙斌栋，2015）。

国外研究也得出了很多类似结论，通过比较欧盟国家援助与产业绩效的关系，发现国家援助没有对产业绩效产生显著影响（Ambroziak，2017）。与此类似的有，1965—1975年在西班牙实施的增长极政策同样在深化产业结构与分工方面没有表现出应该有的效果（Tore and García-Zúiga，2014）。德国的创新区域增长核心（IRGC）计划也因为溢出效应的难以形成和挤出效应的存在，使地区的总体利益受损（Lohse et al.，2019）。

三 区域导向型政策有效性的适用条件和评价标准

对于研判区域导向型政策与空间中性政策两者哪一种更有效，这取决于政策的使用条件及评价标准。以区域导向型政策为例。该政策是针对不同地区提出的干预性政策，目的不一定涵盖缩小区域差异，但是针对某一地区的资源禀赋，特定的区域导向型政策可以有效地发挥本地资源优势，提升本地经济发展潜力（Garcilazo and Oliveira，2013）。

首先，关于区域导向型政策有效性的适用条件，许多学者做了研究。Glaeser 等（2018）认为，区域导向型政策存在一定的缺陷，尤其是短期内主要表现在目标与覆盖范围上，需要在动态效率与静态效率之间进行平衡。运用"以人为本"的再分配政策（people-based redistribution）有利于精准识别那些真正需要帮助的人。尽管区域导向型政策在短期内会对不需要扶持的个体给予支持，但从长期来看，整个区域的个体将在该项政策中增加福利。Liu（2016）的研究也强调了正确定位目标的重要作用，区域导向型政策应扩大区域经济规模。

在特定的条件无法得到满足时，区域导向型政策可能不会产生良好效果。以制度分权为例。Azfar 等（1999）和 Jütting 等（2004）的实证研究结果表明，基于效率与发展的权力下放在不同的国家会产生差异性的结果，只有在满足相当严格的约束条件时，下放的权力才会激发效率与发展的主动性。因此，对于相对容易满足约束条件的富裕地区，下放权力将是有益的方案，但对于后发地区，政策就不一定有很好的效果。区域导向型政策能取得良好效果与该政策的复杂设计相关，只有在内部力量与外部力量协同发力的情况下才会更好提升有效性。Barca（2012）认为，"自上而下"（top-down）与"自下而上"（bottom-up）的政策设计均存在较为严重的局限性，因为它忽视了地方的力量，未能触发地方真正的潜力，政策的效果不足。

当然，那些能够整合上下资源的区域导向型政策，往往是成功的干预政策。Chaskin（2000）认为，对于本地的特色尚未开发资源，发掘其资源潜力需要具备两个条件：一是外来力量能够打破由那些不愿或不能改变地方落后局面的力量所形成的落后均衡；二是地方的力量有意愿，也有能力应对外部挑战。以上两个条件的实现存在较大困难，因为这需要跨多个部门，需要多方合作，参与者的关系、涉及的问题与范围、实施的过程非常复杂，并且处于错综复杂的历史关系、瞬息万变的环境之中，难以通过线性约束表达自变量与因变量之间的关系，需要考虑地区间的发展战略、协同政策、灵活性原则及各自的资源禀赋。Liu（2016）的研究也表明这两种力量对于区域导向型政策的成功十分关键，内部力量支持本地新兴企业和技术发展，通过贸易加强同其他地区的经济联系，深化专业化分工和区域经济的多样化发展。Auspos 等（2009）认为，除了具备良好的规划设计能力外，政策的执行能力和管理水平对于政策的成功也起着重要作用，缺乏执行力与监管能力将会影响潜在项目的推进。Morgan 等（2009）认为，成功的区域导向型政策应具备建设和管理本地经济的能力。VCOSS（2016）认为区域导向型政策应具备创新发展能力。以上观点得到了世界银行的支持。世界银行认为，如果缺乏行政与政策执行能力，政府应该尽可能避免实施复杂的区域导向型政策。因此，区域导向型政策的适用条件，应满足内部力量与外部力量的协同，还需要具有较强的政策设计、政策执行能力。

除了以上提到的因素，成功的区域导向型政策可能具备其他特征。Morgan 等（2009）认为，拓展技术援助渠道、建立信息交互中心、聘请高等教育机构人员等，有助于区域创新政策的成功。Liu（2016）认为，区域导向型政策应关注对人的投资，提高工人技能水平和人力资本水平是促进经济发展的基本前提。VCOSS（2016）认为，区域导向型政策若要取得成功，在执行过程中还应实现有效沟通，足够关注弱势群体，有相对灵活的支付手段，以及合理界定社区与用户之间的角色定位。Rainne 等（2018）认为，成功的区域导向型政策应聚焦价值创造与本地价值获取，并对受影响的群体（或目标群体）提供援助。

其次，对于区域导向型政策的效果，评价其是否促进了地区经济发展，评价标准也起着重要作用。例如，现有的关于区域导向型政策的评价，多基于统计数据分析，而这些统计数据基本只覆盖了大中型企业，而非正规企业（还有些企业未在任何政府部门注册）往往被忽视，导致对政策效果的评估失之偏颇。一些学者的研究也出现类似问题。Neumark 和 Simpson（2015）在关于区域导向型政策与创新型企业的研究中，认为政策促进了创新型企业的出现，非正规企业未涵盖其中。Ulyssea（2018）认为，非正式企业通常具有较低的经济效率，与正式企业相比，即便是降低了部分成本，但也不能够正式化。这一结论得到了 Abeberese 和 Chaurey（2019）等人的认同。Abeberese 和 Chaurey（2019）的研究认为区域导向型政策导致了地区企业数量的下降，主要是因为，正式企业的数量虽然增加，但是非正规企业的数量减少得更多，所以地区整体企业数量减少。

◇ 第二节　区域导向型政策的典型实践评估

许多学者对区域导向型政策的实践评估进行研究，包括 Appelbaum 和 Katz（1996）、Gentry 和 Hubbard（2000）、Boldrin 和 Canova（2001）、Aggarwal（2014）、Brachert 等（2019）以及 Blouri 和 Von Ehrlich（2020）等。这些区域导向型政策总体可以分为两类：一类是普适性的区域导向型政策（如税收政策、转移支付政策等）；另一类是特殊性区域导向型政策，主要为各国（或国际组织）在特定领域的政策。

一 普适性区域导向型政策

(一) 税收政策

税收政策是宏观调控的主要政策工具，对企业的地区进入、经营有较为重要的影响。一些学者运用大量实证分析，表明区域的高税收将提高本地区的企业进入门槛，对本地区的投资产生负面冲击（Appelbaum and Katz, 1996; Cummins et al., 1996; Gentry and Hubbard, 2000; Djankov et al., 2010; Da Rin et al., 2011）；区域的减税政策会促进企业进入（Appelbaum and Katz, 1996; Gentry and Hubbard, 2000; House and Shapiro, 2006; Mian and Sufi, 2012），并在一定程度上诱使非正式企业向正式企业的转型（McKenzie and Sakho, 2010; Fajnzylber et al., 2011）。Kline 和 Moretti（2014）与 Ehrlich 和 Seidel（2018）研究结果表明，临时性税收政策可以提升资本积累和要素集聚。Hasan 等（2021）认为，以税收为代表的区域导向型政策在实施时间上有差异化的效果，临时性的免税政策在短期内可能会吸引企业进入，促进本地就业，但是从长期来看，免税政策可能对本地的可持续发展能力和社会服务投入产生一定的消极影响。以印度为例。该国在1994年针对国内14个落后地区出台了一项免税政策，Hasan 等（2021）认为该计划政策实施4年来，落后地区轻型制造业的企业数量和就业人数增加了60%，该项政策虽然使得实施政策地区的企业进入数量和就业显著增加，但在地理和经济上却对周边的非落后地区产生了负面的空间溢出效应。还有些学者研究了区域税收的空间错配效应（Eeckhout and Guner, 2017; Fajgelbaum et al., 2020），以及区域导向型政策对不同企业区位选择的影响等（Gaubert, 2017）。

（二）转移支付政策

许多学者研究了转移支付政策的经济影响（Boldrin and Canova, 2001; Ehrlich, 2018; Blouri and Von Ehrlich, 2020）。Blouri 和 Von Ehrlich（2020）运用欧盟的转移支付数据研究了区域转移支付政策的福利效应。Blouri 和 Von Ehrlich（2020）基于人口流动、集聚经济、贸易开放的多区域框架，估计了隐含地方特征的变量与转移支付之间的参数关系，以及各类转移支付对本地生产效率、收入与运输成本的影响，并将这些回归系数整合到政策模型中，从而看到转移支付政策的空间活动和经济福利。研究表明，欧盟的转移支付政策改善了欧盟地区的福利。这种在不增加预算的前提下通过重新分配资金的区域导向型政策，能够促进区域整体福利效应的提升。

（三）其他普适性区域导向型政策

除了税收政策、转移支付政策外，许多学者也研究了投资补贴政策、基础设施投资政策等。Ossa（2017）研究了美国补贴竞争政策的福利成本。有学者以德国为研究对象，德国政府为该国落后地区提供大量可支配的投资补贴，来缩小地区间的发展差距（Dettmann et al.，2016；Von Ehrlich and Seidel，2018；Brachert et al.，2019）。Brachert 等（2019）运用断点回归模型来研究投资补贴政策的经济影响。研究结果表明，投资补贴政策能够有效提高地区的增加值和生产效率，但对于本地区的就业及总工资的改善不足。学者们对中国的区域导向型政策进行了多方面的研究，比如针对沿海地区的特殊开发开放政策，20 世纪 90 年代末以来关于四大板块的区域政策（西部大开发、振兴东北地区等老工业基地、促进中部地区崛起、东部地区率先发展），以及几十年持续推进的扶贫开发政策等。Jalan 和 Ravallion（1998）、Ravallion 和 Chen（2005）等研究了中国区域导向型政策是如何促进落后地区经济发展的；Qi 和 Dong（2005）、Tan（2013）、Jia 等（2020）探究了西部大开发政策的历程和效果；Jia 等（2020）评估了西部大开发的政策效果，认为该项政策加速了西部地区的工业化进程，拉动了地区经济快速增长。Park 等（2002）、Wei（2011）、Yang 等（2020）及其他许多学者对中国的扶贫政策进行了研究。Park 等（2002）认为其治理落后地区的贫困问题取得了良好效果；Wei（2011）研究了扶贫政策与最低收入保障政策间的关系；Yang 等（2020）以中国扶贫安置（Poverty Alleviation Resettlement，PAR）为研究对象，分析了扶贫模式及经验。此外，还有学者对印度、阿根廷、南非等国家的普适性区域导向型政策进行研究。例如，Asher 和 Novosad（2014）、Donaldson（2017）、Khanna 和 Sharma（2020）对印度的交通基础设施区域导向型政策进行了研究，发现印度的大规模基础设施建设提高了经济社会效益与就业创造。又如，21世纪初阿根廷经济陷入停滞，阿根廷政府希望通过旅游业振兴经济和促进就业，位于西北部的萨尔塔省的政府决定实施一套旅游发展政策（Tourism Development Policy，TDP）。Castillo等（2017）运用合成控制法（Synthetic Control Method，SCM）研究了阿根廷萨尔塔省TDP政策对就业的影响。研究发现，该项政策的实施将通过直接影响与间接影响拉动本地就业，甚至行业间的就业溢出超过了旅游业产业链就业人口的增加，表明适时实施的区域导向型政策可以有效地产生重要的结构效应，并促进发展中地区的就业创造。再如，Dinkelman（2011）通过南非大规模推广农村家庭电力项目布局和时间安排的变化，研究公共基础设施准入对发展中国家的国内生产技术和市场就业的影响。

二 特殊性区域导向型政策

关于特殊性区域导向型政策的研究较多，本部分以欧洲结构发展基金、美国产业园区专项政策、德国创新区域增长核心政策和英国公共机构迁移计划为代表分析这类政策。

（一）欧洲结构发展基金

欧洲结构发展基金（European Structural Development Funds）是欧盟主要的专项性区域导向型政策之一，受到许多研究者的关注（Becker et al.，2010；Bourdin，2012；Busso et al.，2013；Védrine，2018

等）。Stefanescu（2008）、Gobillon 等（2012）、Busso 等（2013）、Kline 和 Moretti（2014a）、Golejewska（2015）、Criscuolo 等（2019）、Védrine（2018）对这些区域导向型政策生效的机制和渠道进行了理论分析。比如，Védrine（2018）探讨了欧洲结构资金分配、权力下放和战略空间互动。Macleod（2005）、Ferry（2007）、Puigcerver-Penalver（2007）、Kline（2010）、Dall'Erba 和 Gallo（2008）、Bourdin（2012）、Kline 和 Moretti（2014b）则评估了欧洲结构发展基金对区域产生的效应。

（二）美国产业园区专项政策

产业园区专项性区域导向型政策是发达国家实现产业集聚的重要方式。美国是拥有产业园区最多的国家之一，许多学者对美国产业园区进行了研究（Bondonio and Engberg, 2000；Hanson, 2009；Ham et al., 2011；Busso et al., 2013）。一些研究表明，政府的产业园区政策可以改善本地劳动力市场、创造就业（Elvery, 2009；Ham et al., 2011；Freedman, 2013），也有些研究表明，相关政策的就业创造效应不明显（O'Keefe, 2004；Neumark and Kolko, 2010），其中的许多研究证据是基于美国加州、佛罗里达州、德州等地区产业园区政策的分析。Greenbaum 和 Engberg（2010）的分析着眼于六个州（加利福尼亚州、佛罗里达州、新泽西州、纽约州、宾夕法尼亚州和弗吉尼亚州）的国有企业区对区内居民住房价值、入住率和经济福祉的影响。国有企业区或授权区（empowerment zones）对本地影响的研究结果也存在差异。Bondonio 和 Engberg（2000）未发现明显影响，而 Busso 等（2013）的研究中得出了有积极影响的结论。

（三）德国创新区域增长核心（Innovative Regional Growth Cores，IRGC）政策

该项政策是德国有代表性的专项性区域导向型政策，是在德国联邦教育及研究部（BMBF）创业区域项目组合（ERP）的保护下开发的项目。IRGC 被设计成一个从危机中恢复的工具（Gebhardt，2014），致力于促进德国的企业创新和地区经济发展。许多学者对该项政策进行研究，包括 Lohse 等（2019）、Falck 等（2019）。Gebhardt（2014）认为，2001 年以来，IRGC 政策在新的行业中不断产生数量适中的新公司，从大学中分拆出来，增加了就业与私人投资。Lohse 等（2019）评估了 IRGC 政策对受到补贴企业、未受到补贴企业以及地区经济的影响，研究表明受到补贴企业的研发活动在短期与中期内有所增加。

（四）英国公共机构迁移计划（Public Sector Relocation Policies）

该专项政策导致 25000 多名公共部门工作人员从伦敦和东南部向英国其他目的地迁移。Marshall（2005）、Faggio（2019）等学者对英国公共机构迁移政策进行了研究。Faggio（2019）评估了英国公共部门搬迁计划对当地劳动力市场的影响，目的是分析公共部门工作的流入是否对私营部门的活动存在挤出效应，或刺激了私营部门在当地提供更多的工作，通过比较邻近区域与邻近区域的差异，进一步评估影响。研究发现，实施搬迁计划后，公共部门工作人员的迁移对当地服务业产生了积极影响，对制造业产生了消极但较弱的影响。

◇ 第三节 区域导向型政策的作用机制和溢出效应

一 区域导向型政策的作用机制

从以上文献的分析中可知，大量的研究对区域导向型政策产生的效果进行了分析。这些政策涉及一般性的政策、专项性的政策。大量的实证研究度量了发达国家和发展中国家区域导向型政策对地区经济增长、就业创造、企业进入等方面的影响。从政策到影响，中间还有一个重要的环节就是作用机制，本部分将主要梳理相关文献，关注区域导向型政策的机制。

部分学者对企业直接补贴和减税政策的作用过程进行研究，认为区域导向型政策通过补贴或减税等手段提高相关企业的竞争力，并吸引要素集聚在本地而达到政策目的。比如，Ahlfeldt 和 Feddersen（2018）、Greenstone 等（2010）认为，投资等政策可以提高企业生产率。Gebhardt（2014）和 Lohse 等（2019）以德国创新区域增长核心（IRGC）政策为研究对象，评估了 IRGC 政策对受到补贴企业、未受到补贴企业的政策效果，研究认为 IRGC 政策通过直接补贴创新区域企业，使得受到补贴企业更具竞争力，研发活动更为活跃，从而提升地区的创新水平和促进经济发展。Falck 等（2019）认为，德国巴伐利亚州高技术集群政策通过特定领域的集中，加强了知识溢出与共享。Hasan 等（2021）以印度的免税政策为研究对象，发现该政策通过对落后地区的企业进行免税，吸引生产要素向该地区集聚，对其他地区产生负的空间外溢。

有些学者从区域层面、政府层面分析区域导向型政策的作用机制，比如开发区及高新区政策对地区经济的驱动（Wang，2013；刘瑞明等，2015；孙久文，2017；孙伟增等，2018；谭静、张建华，2019；Lu et al.，2019）。Wang（2013）认为，经济特区的收益机制有二：一是增加实物资本存量；二是促进全要素生产率增长。Lu 等（2019）认为，开发区政策发挥作用主要是通过提高开发区内企业生产率来实现的，进一步激发了该地区的经济发展潜力。谭静和张建华（2019）认为，开发区政策通过提高生产力水平，对于城市居民总消费、其他各类消费支出具有显著促进作用，进而推动工业化和城镇化。孙久文（2017）认为，开发区或高新区的建设可以通过资源要素的集中形成新的经济增长极，带动区域发展。刘瑞明等（2015）认为，国家高新区能够驱动地区经济发展，高新区的合理布局有助于地区间发展差距的收敛。也有些学者对区域导向型政策中政府的作用进行研究（周黎安，2017；邓慧慧等，2019；郭瑞等，2018）。周黎安（2017）认为，开发区政策是中央政府赋予地方政府的"特权"，将激发地方政府之间的竞争甚至是保护主义。也就是说，地方政府做出这类决策的出发点可能是基于竞争、模仿，而非自身发展条件（邓慧慧等，2019）。郭瑞等（2018）将政府层面的作用归纳为"制度作用论""政府作用论"和"官员作用论"。

二 区域导向型政策的溢出效应

区域导向型政策的实施不仅对目标地区产生影响，也会通过空间外溢对地理或经济上"相邻"的区域产生影响，或者对政策实施地区未受到直接补贴或减税的企业产生外部性（Arrow，1962；Spence，1984；Hausmann et al.，2005；Falck et al.，2019；Fajgelbaum et al.，2020；Hasan et al.，2021）。知识溢出是集聚经济的重要来源（Fujita et al.，1999；Fujita and Thisse，2002），劳动力市场带来更高的专业化分工，实现更有效的工作搜索、员工与企业间的匹配，以及企业空间集中带来的知识溢出（Melo et al.，2013；Agrawal et al.，2014；Fons-Rosen et al.，2016），政策实施可能促进目标地区的集聚效应（Glaeser and Gottlieb，2008）。

当前，关于区域导向型政策溢出效应的研究较为缺乏。Givord等（2013）评估了法国自由城市区（French Zones Franches Urbaines，ZFUs）政策的空间效应。研究发现，该项政策对企业创造和就业都有显著影响，并且该计划对邻近地区产生重大负面溢出效应。Hasan等（2021）对印度的免税政策研究也有类似的结果。Hasan等

（2021）通过等级分数衡量政策施行区与其邻近地区工业发展特征的系统性差异，若两者差距很大，那么负溢出就不太可能在空间上发生。也就是说，如果政策施行区与邻近地区的差异不大，就会对邻近地区产生负的空间外溢。Wang（2013）利用1978年至2007年中国各市的综合和独特数据估算经济特区对吸引外国直接投资的影响，发现私有产权保护、税收减免和土地使用政策在内的一揽子政策，以外商投资和出口导向型工业企业的形式，使人均城市外国直接投资增加了58%。经济特区对外国直接投资的影响可能仅仅是迁移效应的一种反映，即在各市镇之间分布的变化。

第四节 资源配置方式的经济效应

一 干预机制的经济效应

政府干预主导的区域经济发展研究集中在以下两个方面：一是政府的干预对不同地方经济发展产生的直接影响；二是政府通过制定产业、部门等政策对区域经济发展产生的间接效应。Lewis（2016）以印度尼西亚为研究对象，研究了中央政府政策对地方经济发展的影响效应问题。印度尼西亚中央政府每年花费大量的资金直接补贴地方发展，中央政府这种分散的财政补贴作用是喜忧参半的，在部分省份产生了积极的效应，但在另一些省份并没有产生很好的效果。杨天宇等

(2017) 研究了全面振兴东北地区等老工业基地对于地方经济产生的影响，结果表明，2007年以前，该政策使得东北三省获得了1.1—1.6个经济增长点，但2007年以后，这种政府主导、干预型的政策所带来的经济增长效益呈现递减趋势。该研究还进一步揭示了政府主导型政策只带动了政府投资和支出的增加，以及区域基础和公共设施的改善，产业结构和所有制结构虽有改善，但对地方经济产生的效应极小，相应的人力资本积累、科技进步以及投资环境并未改善。罗富政等（2021）将国内省份分成先发省份和后发省份，研究政府干预对先发省份和后发省份市场所产生的影响。研究结果显示：政府干预会扭曲先发省份市场内生经济发展，这种干预行为也会对后发省份内生市场产生扭曲，但扭曲程度远小于先发省份市场；随着各省份之间市场扭曲程度的扩大，区域间经济发展差距也进一步加剧，进而影响区域间的协调发展。

更多的研究集中于政府主导干预的间接效应，研究政府主导干预产业、部门或是城市发展政策对区域经济发展产生的间接影响。赵勇等（2015）以2003—2011年中国16大城市群面板数据为研究对象，分析了政府干预下的城市群空间功能分工以及对区域经济发展影响的效应。研究表明，地方政府干预对空间功能分工产生了差异化的影响；在城市群空间功能分工的初始阶段，政府干预会弱化空间功能分工带来的地区经济发展差距扩大问题；但随着城市群空间功能分工逐步深入，政府干预会弱化空间功能分工对缩小地区经济发展差距的能力。也就是说，政府干预在城市群空间分工的初始阶段发挥了积极效应，弱化地区经济发展差距急速扩大问题，但在后期，政府的这种干预行为带来了抑制效应，减缓地区经济发展差距缩小的趋势。田红宇等（2019）基于1997—2016年中国省域层面数据研究了政府主导下地方政府竞争对科技创新效率的影响，科技创新效率的提升是促进地区全要素生产率提高的重要手段和方式。研究发现，政府主导对科技创新效率的提升具有积极的效应，但是地方政府之间的竞争反而降低了政府对提高科技创新效率的积极作用，以至于中央与地方政府间的政策没有形成叠加效应，反而相互制衡、抵消，削弱了中央政府的主导效应。陈喜强等（2019）以泛珠三角地区城市为研究对象，从产业结构优化角度研究了政府主导下区域一体化战略对经济高质量发展的带动效应。政府主导的区域一体化战略确实能有效提升泛珠三角地区城市经济的高质量发展，主要是通过产业结构的差异化和产业结构的高度化两种方式带动区域高质量发展。泛珠三角地区城市更多地以产业结构高度化的方式来优化产业结构，但最终往往会造成产业、项目的高度相似，导致地区间的不良竞争，弱化了产业结构优化对地区经济高质量发展的积极效应。年猛（2021）以1990—2010年全国人口普查数据为对象，研究了政府干预与集聚经济影响下的中国城市规模分布问题。研究显示，行政等级化的城市制度体系对城市规模分布产生了深远的影响，其影响效应大于集聚效应对城市规模扩张的影响。但随着集聚效应的增强，集聚效应会部分抵消政府的干预，使得中国城市规模分布趋于合理。这些政府主导的产业、城市群发展政策对区域经济发展的影响并不明朗，甚至中央与地方之间政策的叠加并没有强化的效果，反而此消彼长、相互制衡，削弱了政策效果。

二 合作机制的经济效应

随着国家区域发展战略中城市群的兴起，以及高铁等基础设施和公共服务的普及与覆盖，在长三角、珠三角以及京津冀地区，政府间合作越来越频繁与密集，跨区域产业园区成为地方政府合作博弈的集中体现，也是政策效应的展现。长三角地区是中国跨区域产业园区集中的地区，这些园区在地理上分布于苏北、苏中、皖北与浙西南、浙东北等地区。相关研究表明，这类园区确实能有效带动地区经济发展，但同时也存在着逆向选择和道德风险等问题，表现为合作基础差、信息沟通获取不全或是合作利益分享机制不健全，都使得这些跨区域产业园区发展受到抑制（陈雯等，2021）。为了促进政府间合作，政府出台不同的政策促进合作，一些研究集中探讨了不同政策的叠加效应。李娜等（2020）采用 CGE 模型研究了降低交通运输成本、产业政策以及长江经济带一体化战略等复合政策对于长江经济带沿线各个城市经济发展的影响。研究结果表明，不同政策对于长江经济带沿线城市的影响各不相同，采用降低运输交通成本的单一政策会增加区域内的收入差距；产业政策会缩小长江经济带中上游城市与下游城市收入差距，但无法促进经济一体化发展；复合政策能促进长江经济带收入差距的缩小以及一体化发展。在中国行政体系下，地方政府间一方面会积极寻求合作，另一方面也会寻求自身发展，区域合作政策与地方自身发展政策往往会产生一定的冲突。刘力等（2010）研究了"泛珠三角"区域合作政策与广东"双转移"政策的协同效应，结果显示广东"双转移"战略有效促进了广东的发展，但同时部分抵消了泛珠区域合作的一体化经济效应。蔡欣磊等（2021）基于准自然实验法研究了长三角地区区域一体化的扩容问题，研究表明城市扩容能有效提升区域对资本的配置效率，并且改善新进外围城市的资本配置效率。

三　培育机制的经济效应

区域导向型政策中的培育机制是多种类的，政府可以通过投资基础设施、公共服务、产业园区建设等多个方面带动区域经济发展。索洛经济增长模型表明，当经济发展处于稳态时，新一轮的经济增长源于技术进步（Solow，1956），技术进步离不开创新政策支持。从现实层面而言，国家及地方政府高度重视创新发展，提出"创新是发展的第一动力"。因此，本节主要探讨各级政府的创新发展政策对区域经济增长的影响。Capron 和 Henri（1997）研究了政府创新补贴对于技术生产率以及私人研发基金的影响，发现无论是私人研发基金还是政府的公共 R&D 投入都有效提高了技术生产率，政府的财政补贴行为对于私人研究基金的投入是产生刺激效应还是抑制效应是分行业、分国家的，如 R&D 补贴瞄准中等技术产业时，更可能有效地刺激私人 R&D 投资行为。Kim（1997）、David 等（2002）都做过类似技术研发政策对生产率提高的研究，结果表明政策的叠加效应可以有效提高技术生产率。国内对于创新政策的效应研究大都从中观视角出发，利用省级面板数据，采用 DEA-Malmquist 指数分析法、结构方程模型、空间计量模型去探讨创新政策绩效。冯锋等（2011）利用省级面板数据研究了泛长江三角区各省市的科技创新政策。研究结果显示：泛长江三角区各省市科技创新政策的规模效率在不断上升，但促进技术进步的政策绩效不佳，各省市区域科技政策目标、政策标准、政策力度等存在明显的差异性。徐喆等（2017）从政策相互作用视角对中国 1985—2014 年的创新政策演变以及创新绩效进行了研究。研究表明，中国科技创新政策的互补效应在不断增强，专利与税收优惠，以及产业化与管制、技术标准等呈现正向效应，政府投入、政府采购、合作研究计划等类型的政策呈现负向效应。随着近年来中国企业创新能力的不断提高，企业创新数据不断完善，研究视角逐步转向微观层面，研究创新政策对企业发展的影响。张永安等（2016）采用随机前沿分析法研究了北京市创新政策对中关村企业创新的影响。研究结果表明，北京市的科技创新政策对中关村企业能力的提高非常有限，不同的政策产生的影响也不同，研发补贴和人才激励政策能够影响企业的专利研究能力，政府采购和税收优惠能提高企业新产品销售的实际收益。

通过以上文献分析我们可以看出，政府参与方式不同的区域导向型政策往往发挥的效应也不同，但更多的研究只关心某一种政府参与方式的影响效应，并没有全面考虑政府参与方式不同所带来的影响。

本书的创新点正是将政府干预主导型、政府自发合作型、政府培育引导型三种区域政策纳入统一的研究框架中，更为全面地考虑政府不同参与方式的区域导向型政策的经济效应，以便为研究提供新的思路，为政府制定发展政策提供新的依据。

◇ 第五节　文献评述

综上所述，区域导向型政策的作用机制是多样的，包括针对各个微观主体的政策，如政府对企业的直接补贴、税收减免政策；针对特定区域或产业的促进政策，如设立开发区，规划特定的产业园区；针对整个地区发展环境的提升与改善，如基础设施建设、区域发展政策环境规制、增大技术投入力度；等等。政府通过采取上述手段，对特定地区进行干预，最终实现地区经济增长、缩小区域差距的政策目标。

进一步分析梳理现有研究，可以发现，现有研究并没有系统地讨论是什么原因导致区域导向型政策表现出了相异的结果。尽管现有部分分析指出了政策机制的政策效果差异，但是还未深入讨论其背后的内在原因。结合对政策作用机制的分析，本书提出一个较为可能的解释是：现有研究忽视了这些区域导向型政策背后的决定性力量带来的差异，即政府参与方式的差异对区域导向型政策的经济效应的影响。其基本逻辑是：政府是制定、推行区域导向型政策的主体；在政策执行的过程中，政府介入或干预的方式、程度对政策效果具有深刻的影响。具体而言，区域导向型政策会通过额外的资源投入改变地区的发展路径，政府对这部分的资源具有极大的分配权，不同的政府参与方式会自然地导致不同的资源配置方式，表现为不同的政策机制和实施路径，最终导致区域导向型政策效果的异质性。

因此，本书将政府参与方式纳入区域导向型政策的经济效应分析框架中，试图为区域导向型政策的结果差异提供一个完整的、逻辑严谨的理论解释。通过对政府参与方式差异产生的不同区域导向型政策效应进行分析，本书梳理出不同类型政府参与方式对应的政策机制，为解释区域导向型政策对地区经济的影响提供一个新的思路与视角。

第三章

概念界定与中国典型实践

为了能够更清晰地展现政府在区域政策制定、实施过程中的作用,本章对相关研究文献和政策文件进行系统性梳理,首先明确区域导向型政策的含义,根据政府在其中的不同参与方式进行分类,总结出核心关注的政策类型及其对应特征。在此基础上,本章基于中国的政策实践,选取具有代表性的政策,从政策文本和典型数据的角度,确定相应政策所属的类型。

◇ 第一节 概念界定

一 区域导向型政策

为了实现区域经济增长,区域发展政策存在两种类型。第一类是区域导向型政策,也有研究称之为区位导向性政策或地本政策。这种区域发展政策主张基于不同地区的异质性实施导向型的区域发展政策，例如对不同地区实施差异化的税收优惠、建设投资、福利补贴等激励政策，或通过建设经济特区等形式在欠发达地区实施特殊经济发展政策，促进要素向目标区域流动和集聚，从而提升该区域的发展水平，改善区域发展不平衡状况（Hewings，2014；Martin and Sunley，2011；魏后凯，2008；赵勇、魏后凯，2015）。

第二类是空间中性政策，也有研究称其为人本政策。这种区域发展政策主张基于新经济地理学理论，关注"集聚效应"和"规模效应"，认为区域发展政策应当是"空间中性"（place-neutral）或"以人为本"（people-based）的，需要关注的是如何促进劳动力等要素向能发挥最大效率的区域流动，从而获得集聚经济的收益，使得人均发展水平在地理分布上更加均匀（Barca et al.，2012；Hewings，2014；Liu et al.，2018；陈钊、陆铭，2009；刘修岩，2014）。

在实际的政策实践中，区域导向型政策的应用更为广泛，往往作为解决政府关切问题的措施来应用（Beer et al.，2020）。因此，区域导向型政策的典型特征是专门为地方提出，并针对具体的地方机会而设计的（Seravalli，2015）。

区域导向型政策的一个共同目标是通过吸引新的公司到选定的地区和促进现有公司的增长来创造就业机会和刺激经济活动。这些政策通常采取以下一种或多种形式：免税和补贴、酌定赠款、特别经济区或工业园区以及其他形式或是对基础设施进行支持（Beer et al.，2020）。政府制定区域导向型政策的依据是，完全依靠市场的力量，难以保证落后地区和先进地区的经济发展自动趋同。因此，恰当的发展路径不是扩大所有地区各个部门间的竞争，即全面的"大推进"增长方式是低效的，需要针对区域进行规划设计（Seravalli，2015）。

区域导向型政策在发达国家和发展中国家中都很流行。大规模的区域导向型政策的例子包括美国的联邦赋权区方案、欧盟针对贫困地区和国家的各种倡议、德国政府对受长期脱离煤矿影响的地区的投资计划、澳大利亚政府为促进受煤矿关闭影响的地方和区域经济而实施的方案、芬兰的"结构突变"计划、英国的"区域选择性援助"（RSA）政策等。

欧盟采取了大量的区域导向型政策，旨在通过大量的经费投入和政策支持来促进欧盟地区的平衡发展。欧洲的区域导向型政策主要包括结构基金、城市政策、地方和区域发展等，主要目标是提高经济增长，提高就业率和社会福利水平，缩小欧盟内部的经济和社会差距。一个典型的政策是凝聚力政策（Cohesion Policy），它是欧盟最大的区域导向型政策，旨在减少欧盟地区之间的不平衡和差距，促进地方经济的发展和提高居民的生活质量。该政策重点关注开发较为贫困和弱势的地区，提供资助和支持，帮助这些地区克服经济和社会方面的困难。

在美国，区域导向型政策也是促进当地经济和社会发展的重要手段。美国的地域政策涉及联邦、州和地方政府的多个层级，需要不同层级之间的密切协调和合作，其中"新市场税收抵免"（New Markets Tax Credit）、"都市更新项目"、"科学、创新和机会法案"、"税收创新区"等是主要的政策措施。例如，新市场税收抵免于2000年开始实施，旨在支持投资贫困地区和经济欠发达地区的企业与非营利组织。该政策提供税收优惠措施，鼓励投资者为在贫困社区和经济欠发达地区开展商业活动的企业提供资金支持。这些政策旨在支持贫困社区、老旧工业区和其他经济欠发达地区，提高当地经济和社会的福祉水平，增强当地的自我经济发展能力。

日本的区域导向型政策也是其国家发展的重要组成部分。例如，地方创生政策（Reginal Revitalization Policy），旨在通过各种政策和支持措施来促进当地社区与经济的发展，其中包括支持地方企业、创建新的零售业、改善交通运输和加强社区建设等政策。总之，全球范围内的区域导向型政策表明，各国政府都在寻求用地方政策来促进当地经济和社会发展。中国从20世纪70年代末也开始执行了诸如经济特区等区域导向型政策（Neumark and Simpson，2015），后文将对其进行详细介绍。

二 政府参与方式

为了应对市场失灵问题，弥补市场机制的不足，通过多种方式促进地区发展，是各国中央和地方政府的普遍做法。政府的参与方式是政府职能模式在区域政策中的具体表现，是承担这些职能的条件、方式和方法，以及所需资源的保障和获取方式（张康之，2010）。政府参与的手段主要包括普惠性的制度安排和针对性的直接支持（Lall and Teubal，1998）：前者是指政府借助产业、法律、人才和金融等功能性制度安排，为地区发展营造良好的外部环境；后者是基于产业安全、技术赶超等方面的考虑，为实现产业网络构建、关键领域和核心技术的重点突破而对特定产业或企业实施的具有选择性和差别性的资金补贴和其他政策支持。

在制定和实施区域政策的过程中，政府往往根据政策本身采取组合性的参与手段，最终形成不同的政府参与方式。在中国政策的制定与实施过程中，中央政府主要负责政策制定与方向把控，地方政府则在实际的政策实施过程中发挥着巨大作用。因为各地方的发展水平和发展目标存在差异，中央政府制定的政策只能把握宏观上的原则和方向，政策的落地则需要由各地方政府发挥能动性。中央政府制定的政策，在各地方的具体实施效果可能存在着较大差异，这也反映出地方政府的不同参与方式在很大程度上影响了政策的最终实施效果。本书重点关注的是政府参与方式对区域导向型政策效果的影响，所以所探讨的政府参与方式主要是针对地方政府而言。具体而言，政府参与方式可分为以下三种类型。

（一）干预主导型的参与方式

政府干预主导型的参与方式是指：政府参与手段以直接支持为主，政府通过直接的资源投入，利用政府投资、税收返还、政策补贴等渠道直接刺激区域经济的发展。

以干预主导的形式参与地区经济发展的政府，其职能更倾向于管理型政府中的干预型政府，主张政府通过财政政策和货币政策调控市场经济运行，实现对于经济活动的全面调控，以弥补市场力量的不足，实现经济持续稳定增长的目标（郑家昊，2013）。

政府以干预主导的形式参与地区经济发展的理论基础包括市场失灵理论和大推进理论。市场失灵理论是指，市场机制并不是万能的，存在竞争不完全、外部性、信息不对称等现象，这就容易导致资源分配不均衡，需要政府这只"看不见的手"进行适度干预，所以必须进行政府主导干预。大推进理论认为，如果投资工业需要支出高额的固定成本，而最终的收益又存在不确定性，均衡情况下的私人投资就会低于社会最优。此时，政府主导的投资可以从理论上解决这一问题。在发展中国家或地区，政府对每个部门进行大规模的投资，以促进这些部门的整体均衡增长，从而带动整体国民经济的发展。在上述理论支撑下，政府会采取直接干预的方式，出台干预主导的区域导向型政策。

政府干预主导型的参与方式极度依赖政府对企业或产业的直接支持，主要的政策工具包括差异性的财政政策、差异性的货币政策和差异性的贸易政策，如财政补贴、减税、优惠的土地供给条件、特许经营、降低进入门槛等。

（二）自发合作型的参与方式

政府自发合作型的参与方式是指：政府的参与手段同时兼顾直接支持和普惠性的制度安排。政府通过政策引导和普惠性的制度引导区域合作，优化资源的流动与配置，从而为经济发展提供动力。

以自发合作的形式参与地区经济发展的政府，其职能更倾向于管理型政府中的保护型政府，主张政府充当"守夜人"，尽可能少地干预或不干预市场经济运行，用市场机制调节经济活动，并在此过程中实现资源配置的优化（郑家昊，2013）。

政府以自发合作的形式参与地区经济发展的理论基础为区域分工理论。地区间存在资源和要素禀赋的差异，资源和要素在地区间自由流动本身就可以提高其配置效率。而且，通过地区分工和专业化生产，各地区能够更好地发挥自身的优势，实现规模经济，提高经济效益。

政府自发合作型的参与方式既需要政策的直接支持，也需要普惠性的环境建设。因此，其主要政策工具为，通过政府间的自发合作，优化区域内的资源配置，使区域内的不同地区优势互补。由于涉及多个参与主体，政府自发合作的实现也需要满足更高的要求：需要各合作主体之间实力相近、功能互补；需要合作的要素流通渠道高效顺畅；需要一定的宏观发展环境。在此基础上，政府才能够通过一系列协调机制自发地形成合作联盟，主动谋求更大的发展空间。具体体现为基础建设水平提升、居民消费水平提升、对外开放程度提升和科技创新水平提升等。

（三）培育引导型的参与方式

政府培育引导型的参与方式是指：政府参与手段侧重普惠性的制

度安排，不通过直接的资源投入，而是通过培育良好的发展环境，引导区域自身的发展动力。通过具有指向性的环境建设，政府强化区域内某一项或某几项重点功能的发展，引导区域实现特定的发展目标。

以培育引导的形式参与地区经济发展的政府，其职能更倾向于引导型政府。这一职能模式是亚洲新兴工业化国家在管理型政府的制度框架下，通过创新实践得出的经验总结（郑家昊，2013）。政府可以不通过直接的资源投入，而是通过优化区域制度环境、培育内生动力的政策，来促进区域经济的增长。

政府以培育和引导的形式参与地区经济发展的理论基础主要是内生增长理论。其核心思想是经济可以在不依赖外部力量的情况下实现可持续增长，而内生技术进步是确保经济可持续增长的决定性因素。同时，人文、经济、制度等因素也对区域经济的增长具有重要的影响。

政府培育引导型的参与方式更多依赖普惠性的环境建设，主要的政策工具包括特殊的政策优惠、特许的政府权力、专门的绩效考评体系等，通常伴随着"特殊政策，灵活措施"，以及经济技术开发区等各类开发区政策。政府培育引导型政策的典型案例就是改革开放以来广为运用的试点型政策。在试点政策实施过程中，地方政府在中央政府的支持下进行"政策实验"（Heilmann，2008）。还比如创新型城市的试点改革中，中央政府通过对试点城市的政策支持，允许试点城市进行创新探索，激发创新活力，同时将创新型城市建设情况纳入绩效考核指标，促使地方政府形成"为创新而竞争"的态势，为地方政府提升本地的创新能力提供了充足的动力和激励。

三 区域导向型政策中不同政府参与方式的属性和特征

根据政策的空间导向性以及三种不同的政府参与方式这两个维度，我们可以划分出六种政策类型，分别是政府干预主导型的空间中性政策、政府自发合作型的空间中性政策、政府培育引导型的空间中性政策、政府干预主导型的区域导向型政策、政府自发合作型的区域导向型政策、政府培育引导型的区域导向型政策（见表3-1）。由于本书关注的是在实际中应用更为广泛、效果更加明确的区域导向型政策，因此，在后文中将主要关注后三种类型的政策。

表3-1　　　　　　　　　基于概念界定的政策分类

		政府参与方式		
		干预主导型	自发合作型	培育引导型
政策空间导向性	空间中性政策	干预主导型的空间中性政策	自发合作型的空间中性政策	培育引导型的空间中性政策
	区域导向型政策	干预主导型的区域导向型政策	自发合作型的区域导向型政策	培育引导型的区域导向型政策

资料来源：笔者绘制。

在已有理论研究和实证探索的基础上，本书对三类区域导向型政策所对应的特征进行了归纳总结。

整体而言，政府干预主导型政策的特征为政府介入程度较高，市场化程度偏低，地区发展环境一般且发展目标单一；政府自发合作型政策的特征为政府介入程度较高，市场化程度较高，地区发展环境较好且发展目标多元；政府培育引导型政策的特征为政府介入程度中等，市场化程度较高，地区发展环境较好且发展目标多元。

具体而言，政府干预主导的区域导向型政策的特征如下：首先，政府较为强势，对地区经济的干预调节能力较强。干预手段和政策工具相对直接，既包括通过宏观政策、政府规制等方式间接影响区域发展，也包括运用补贴、减税、优惠的土地供给条件、特许经营、进入门槛降低等方式直接影响企业微观单元的发展。而且，政府关注地区发展差距。干预方式具体包括对目标地区中观或微观主体的发展追加投资、进行补贴或提供免税政策。其次，在政策执行过程中，政府会表现出对市场自我调节空间的挤占，导致政商关系较弱，政府亲近程度与清白程度较差，政府与其他市场主体交流不多，政府关心和服务相对不足。政策措施更加强调"投资""补助""支持""保障"等直接影响经济发展的手段。

政府自发合作的区域导向型政策的特征如下：首先，政府通过间接途径影响当地经济发展。不同于直接干预当地经济发展，政府通过自发合作优化区域内的资源配置，实现区域内不同地区的优势互补，促进区域经济的发展。具体的政策手段是，通过建立跨区域的协调组织和管理机构，形成合理的产业分工体系和产业网络。因此，政府自发合作的政策通常体现为基础建设水平提升、居民消费水平提升、对外开放程度提升和科技创新水平提升等发展环境的改善。其次，在政策的执行过程中，区域间政府的自发合作更需要市场的力量，市场力量在此类政策中发挥的角色最为重要，政府的干预影响能力最弱。政策措施更加关注"合作""协同""联动""一体化"等通过合作改善发展环境的手段。

政府培育引导的区域导向型政策的特征如下：政府同样是通过间接途径影响当地经济发展。通过政策的引导，政府培育相应的发展条件，引导市场力量参与其中，形成长期的内生增长动力，促进区域长期发展。具体表现为，政府根据地区的要素禀赋优势设定特定的发展目标，有针对性地强化地区优势，实现经济的长期增长。但是，地方保护主义也可能扭曲政府的政策机制，导致出现"寻租"行为或过度竞争。在政策执行过程中，政府需要为地区的发展设定大的框架，由市场的力量完成。因此，政府和市场的力量处于相对平等的状态，没有绝对突出的一方。政策措施更加注重"培育""引导""激励"等调动市场积极性的手段。

综上所述，干预主导型政策下的政府最为强势，与其他市场主体的交流最不密切，而且清白程度较低，政商关系相对比较紧张；自发合作型政策和培育引导型政策下的政府相对温和，与其他市场主体互动频繁，清白程度较高，政商关系相对较好。自发合作型政策下的政府相对更加注重对整体经济发展环境的改善，能够突破行政区的藩篱带来正外部性，因此，其政商关系应当处于最高水平。

◇ 第二节　中国区域导向型政策的典型实践

改革开放以来，中国对区域导向型政策进行了非常丰富的实践。在不同的发展阶段，中央和地方政府出台了种种空间尺度各异、政策实施方式多元的区域导向型政策。区域导向型政策的实施成为中国国土空间治理和区域发展战略实施的重要途径。本节将基于中国改革开放以来区域导向型政策实施历程，对中国区域导向型政策进行系统性的梳理，从而为后文的政策筛选与分类打下基础。

整体上看，改革开放以来的区域导向型政策实施历程可以分为区域不平衡发展阶段、区域协调发展阶段和区域重点发展阶段。

表 3-2　　　　　中国部分代表性区域导向型政策实施时间

时间	名称	发文部门
1979 年	《关于发挥广东优越条件，扩大对外贸易，加快经济发展的报告》	广东省（上报）国务院（批复）
1979 年	《关于利用侨资、外资，发展对外贸易，加速福建社会主义建设的请示报告》	福建省（上报）国务院（批复）
1980 年	《广东省经济特区条例》	全国人大常委会
1985 年	《长江、珠江三角洲和闽南厦漳泉三角地区座谈会纪要》	中共中央、国务院
1988 年	《国务院关于广东省深化改革扩大开放加快经济发展请示的批复》	国务院
2002 年	《"十五"西部开发总体规划》	国家计委、国务院西部办

续表

时间	名称	发文部门
2003 年	《关于实施东北地区等老工业基地振兴战略的若干意见》	中共中央、国务院
2006 年	《关于促进中部地区崛起的若干意见》	中共中央、国务院
2007 年	《东北地区振兴规划》	国家发改委等
2008 年	《关于进一步推进长江三角洲地区改革开放和经济社会发展的指导意见》	国务院
2008 年	《珠江三角洲地区改革发展规划纲要（2008—2020 年）》	国家发改委
2009 年	《关于进一步实施东北地区等老工业基地振兴战略的若干意见》	国务院
2009 年	《促进中部地区崛起规划》	国家发改委
2010 年	《全国主体功能区规划》	国务院
2015 年	《京津冀协同发展规划纲要》	中共中央政治局
2016 年	《长江经济带发展规划纲要》	中共中央政治局
2018 年	《中共中央国务院关于建立更加有效的区域协调发展新机制的意见》	中共中央、国务院
2019 年	《粤港澳大湾区发展规划纲要》	中共中央、国务院

资料来源：中国政府网。

一 区域不平衡发展阶段（1979—1998 年）

在区域不平衡发展阶段，经济增长是区域导向型政策的核心内容，发展目标明确的区域导向型政策应用较为广泛。这一时期，区域导向型政策的两条路径分别是：第一，通过政府培育引导来放宽东部沿海地区的政策限制，营造吸引外资、促进服务业发展、推动消费增长的区域环境，实现地区经济快速增长；第二，通过政府主动干预对落后地区进行扶持，给予实际的经济和物质补偿，释放更多的政策红利，带动地区经济摆脱落后困境。

（一）设立经济特区

特区的建设资金以外资为主，经济结构以"三资"企业为主，产品以外销为主，实行工贸结合，同时发展各类第三产业。1978年12月，中共十一届三中全会破除了不适合当时国情发展的计划经济体制，开始实施改革开放。在社会主义市场经济体制下，公平与效率成为经济社会发展的主流。1979年7月，深圳、珠海凭借临近香港和澳门的地理位置优势成为出口特区试办区；1980年，深圳、珠海、汕头、厦门经济特区成立，作为中国对外开放的先导示范基地。设立经济特区成为这一阶段比较典型的区域导向型政策，为中国经济的腾飞起到了重要作用。

（二）设立新特区和国家级新区

在经济特区之后，国家也出台了一些其他空间尺度类似的区域导向型政策，在新的发展背景下，对特定区域的发展做出重新定位，在进一步整合资源的基础上，发挥该区域的潜在比较优势和竞争优势。其中比较典型的是新特区和国家级新区的政策。1988年，"两个大局"战略构想加快了沿海地区的对外开放。同年4月，全部对外开放辽东半岛和山东半岛，并批准兴建海南经济特区。1992年，上海市浦东新区批准设立。邓小平南方谈话解疑答惑，使沿海地区对外开放赢得认可，改革开放成果进一步得到巩固发展，由此中央也逐步加快了中西部地区对外开放的步伐。截至2018年年底，全国共有19个国家级新区。

（三）发展经济技术开发区和沿海港口城市

经济技术开发区和沿海港口城市是经济特区政策在更加微观空间尺度上的深化，是为了进一步加快沿海地区的开放进程。"六五"规划时期，在"放开搞活"政策指导下，中国调整了区域发展的总体方针，明确了沿海、内陆和民族地区的不同发展方向。1984年，中国开放了14个沿海港口城市，建立了多个国家级经济技术开发区。1985年，长江三角洲、珠江三角洲、闽南厦漳泉三角地区被设立为沿海经济开放区。

在此基础之上，一些空间尺度更小、针对性更强的政策也陆续出台，比较典型的就是经济技术开发区的建设。经济技术开发区是最早在沿海地区建立的、发展知识和技术密集型的指定区域，后来扩展到全国各地，实行经济特区的一些特殊政策和优惠。

（四）国家扶贫政策和民族地区政策

实施改革开放以来，国家重点打造沿海地区开放经济，但是对于落后的"老少边"区也在多方面给予相应的政策补助和财政支持，使这些地区也能够共享改革开放的成果，力图通过多种政策措施，多管齐下解决贫困和落后问题。20世纪80年代初，由于受到均衡发展思想的影响，中国开始把目光投向贫穷落后地区，并逐渐开始通过多种政策红利解决贫困地区的各种问题。1986年，贫困地区经济开发领导小组正式成立，并把老少边区的扶贫工作当成一项任务来抓，列入国民经济"七五"发展计划。1994年，国务院制定《国家八七扶贫攻坚计划》。1996年，中共中央、国务院制定《关于尽快解决农村贫困人口温饱问题的决定》。"九五"计划重提基本消除贫困的战略目标。

二 区域协调发展阶段（1999—2008年）

在区域协调发展阶段，区域发展的目标逐渐多元化、系统化，经济高速增长积累的区域问题开始显现。为了解决特定的区域问题，政府干预主导型政策和政府培育引导型政策开始成为中国区域导向型政策的主流。这一时期，区域导向型政策的主要路径逐渐调整为：第一，通过政府干预主导来解决问题区域的特殊问题，开发西部落后地区，重振东北萧条地区，疏解东部拥挤地区，突出区域导向型政策"面"的改善作用；第二，通过政府培育引导改善重点城市或地区的发展环境，引导区域中的"极点"城市实现政策的预期目标。

（一）西部大开发战略

为了推进西部大开发战略，中国实施了一系列政策。1999年，西部大开发的战略构想正式提出。

2000年以来，西部地区进行了大规模的基础设施建设，启动"西电东送""西气东输"等项目，以保证人民的生活出行需求。2001年，中国加入世贸组织后，在不违反世贸组织规则的情况下继续实施对西部地区的优惠政策。在财政支持方面，中央政府提高了对西部地区的财政转移规模，持续加强对西部地区人民教育水平的投入，不断加大基础设施建设和生态环境保护投资力度。2002年，《"十五"西部开发总体规划》发布，开始实质性推进西部大开发战略。同年，根据国家防尘治沙总体规划，国务院印发《关于进一步完善退耕还林政策措施的若干意见》，开始植树造林、退耕还林，还通过"南水北调"等措施解决水资源分配不均等问题。

（二）振兴东北地区等老工业基地

为了解决东北老工业基地资源枯竭的问题，以"东北振兴"为核心的一系列政策开始实施。2002年，党的十六大报告指出，"支持东北地区等老工业基地加快改造和调整，支持以资源开采为主的城市和地区发展接续产业"。2003年，中共中央、国务院印发《关于实施东北地区等老工业基地振兴战略的若干意见》。2007年，《东北地区振兴规划》得到国务院批复。2009年，国务院先后批复了《辽宁沿海经济带发展规划》和《关于进一步实施东北地区等老工业基地振兴战略的若干意见》。2010年，沈阳经济区经批准成为国家新型工业化综合配套改革试验区。

（三）完善革命老区、民族地区、边疆地区和贫困地区政策

"老、少、边、穷"等特殊地区得到发展的同时，区域发展需求更加多样化。1994年4月，国务院印发《国家八七扶贫攻坚计划》。1996年10月，《关于尽快解决农村贫困人口温饱问题的决定》发布。"九五"计划也提出了基本消除贫困的目标。2001年6月，国务院颁布《中国农村扶贫开发纲要（2001—2010年）》，研究部署21世纪前十年的扶贫开发工作。

（四）资源型城市转型

资源型城市是老工业基地城市发展的核心内容，政府培育引导的角色突出。资源型城市后期面临着多种发展的可能性，通过政策引导，支持资源型城市多方位转型发展，政策的出台也为其发展提供了参考方向。此阶段针对特殊地区的区域导向型政策还包括帮扶资源型城市可持续发展。2007年12月，国务院发布《关于促进资源型城市可持续发展的若干意见》。同年，国家发展和改革委员会印发《关于加强分类引导培育资源型城市转型发展新动能的指导意见》，鼓励资源型城市探索新发展模式，促进环境友好型城市有序发展，抓住机遇构建新发展格局，充分利用"新动能"，推动转型发展。

三 区域重点发展阶段（2009—2018年）

经过长期的高速发展，全国各地区的经济实力普遍提升，但是区

域间的竞争也越发激烈，区域问题治理进入深水区，基于城市群、经济地带的区域合作条件已经成熟，需要着力构建跨区域、多维度、全系统的国土空间治理体系。这一时期，区域导向型政策的主要路径确定为：第一，通过政府自发合作来完成区域间的分工合作，形成竞争合力，构建优势互补、全域开放、绿色高效的区域高质量协调发展新格局；第二，通过政府培育引导进行试点探索，总结在新常态下保持区域稳定、可持续发展的实践经验。

（一）京津冀协同发展

京津冀协同发展是通过政策的引导和规制，形成京、津、冀三地之间良好的合作环境与分工机制，进而实现疏解非首都核心功能，解决北京雾霾、水资源短缺等"大城市病"的目标。同时，优化北京、天津产业转移，推进河北产业升级和发展，推动京津冀三地社会公共服务网络的共建共享，形成京津冀协同发展新格局。2014年6月，中央批准成立京津冀协同发展领导小组。2015年4月，中共中央政治局审议通过了《京津冀协同发展规划纲要》；7月，中共北京市委十一届七次全会通过了《北京市贯彻质量发展纲要实施意见2015年行动计划》；8月1日，京津冀手机长途及漫游费全面取消。2017年4月1日，设立国家级新区——河北雄安新区。2019年，北京市规划和自然资源委员会同河北省住房和城乡建设厅编制了《通州区与廊坊北三县地区整合规划》。

(二) 长江经济带建设

长江经济带依托长江航道优势，区域联系紧密，具有政府合作的基础。长江经济带的下游地区为中国经济非常活跃的长三角城市区，是中国区域合作非常频繁、区域联系非常紧密的地区。以长三角为引领，打通长江中游城市群、成渝城市群和长三角城市群的联系，可促进长江流域全域的协调发展。

2014年，长江经济带被列为三大国家级发展战略之一。同年9月，国务院印发《关于依托黄金水道推动长江经济带发展的指导意见》。2016年9月，《长江经济带发展规划纲要》正式印发。2018年11月，中共中央、国务院进一步明确要求长江经济带的功能和任务导向。

(三) 粤港澳大湾区

粤港澳大湾区具备良好的合作发展前景。促进粤港澳大湾区的建设，有利于进一步深化内地与香港、澳门的合作与交流，也有助于香港和澳门参与国家发展战略，增强城市国际竞争力，保持长期繁荣稳定。2014年，深圳市政府工作报告提出"打造湾区经济"。2017年7月，国家发展和改革委员会与粤港澳三地政府签署《深化粤港澳合作推进大湾区建设框架协议》。2019年2月，中共中央、国务院印发《粤港澳大湾区发展规划纲要》。2020年5月，中国人民银行、银保监会、证监会、外汇局正式发布《关于金融支持粤港澳大湾区建设的意见》。

第三节 中国区域导向型政策中政府参与方式的典型案例与识别

根据上文分析,依据政府参与方式的差异,区域导向型政策可以主要分为政府干预主导型、政府自发合作型和政府培育引导型。中国的区域导向型政策实践在不同的发展阶段不断调整,上述三种类型的区域导向型政策在中国都有实施。本节进一步从区域导向型政策在中国的实践中选取各种政府参与方式的典型案例,并依据政策文本和特征性数据进行识别,从而为后文实证分析打下基础。

一 中国区域导向型政策中政府参与方式的典型案例

本节首先以区域导向型政策中不同政府参与方式的典型特征为出发点,通过分析其核心政策机制找到中国实践中典型的政策类型,并在此基础上结合政策的典型性、区域的代表性和目标的针对性,明确各类型政策的典例。同时,为了保证后文实证研究中政策文件的可获得性和相关数据的完整性,本书主要选择 2000 年以后的典型区域导向型政策进行研究。

对于政府干预主导型的区域导向型政策,其核心机制是财政投入、税收返还、政策补贴等直接调节手段,"西部大开发""中部崛起""东北振兴"等需要持续财政转移支付或者强有力政府支持的政策具有较强代表性。考虑到东北地区国有经济占比较高，经济发展起步较早，经济基础较为雄厚，与中部和西部地区相比，政府的主导力量更强，区域内的企业和产业对政府和区域导向型的政策依赖度更高，其研究特征更为典型，研究价值更为丰富。因此，选取振兴东北地区等老工业基地政策作为一项代表性政策。

对于政府自发合作型的区域导向型政策，其核心机制是通过政府间的自发合作，优化区域内的资源配置，使区域内的不同地区优势互补。国内启动时间较早也较为成功的政策是长三角之间的合作。政府自发地通过一系列协调机制形成合作联盟，主动谋求更大的发展空间。与粤港澳大湾区、主体功能区、长江经济带等政府自发合作型政策相比，长三角扩容聚焦的研究对象更为具体，其政策机制更为全面、完善，具有更高的研究价值。因此，本书选取长三角扩容政策作为一项代表性政策。

对于政府培育引导型的区域导向型政策，其核心机制是通过优化激励机制，引导市场力量促进发展，各类试点政策均具有较强典型性。特别是在进入21世纪后，在新的发展环境下，由于试点政策能针对具体的区域问题因地施策，具有顶层设计和因地制宜相结合的特点，得到了更加广泛的应用。其中，创新型城市试点政策是一项典型案例，其旨在通过培育创新型城市，形成区域创新增长极，最终提升总体创新能力。与其他试点政策相比，创新型城市试点政策重点更加突出，目的更加明确，可以清晰地界定、度量，能够更准确地评估政策机制对区域环境制度改善的影响，更好地识别政府培育引导型政策对区域增长的影响。因此，本书选取创新型城市试点政策作为一项代表性政策。

在选定振兴东北地区等老工业基地政策、长三角扩容政策、创新型城市试点政策三项代表性政策后，本节接下来具体分析各个政策中政府的参与方式，从而识别出各个政策所属的类型。具体而言，后文将从政策文本和政商关系数据两方面入手，分析各项政策的政府参与方式，从而实现对政策的类别划分。

二 基于政策文本的识别

区域导向型政策中政府参与方式的不同集中体现为政策执行过程中的差异。本书首先从政策执行的角度考察振兴东北地区等老工业基地政策、长三角扩容政策和创新型城市试点政策中政府参与方式的差异。为此，本书进一步收集了这三项政策的文件，利用文本分析的方法，识别出这些政策中政府参与方式的差异。

首先，本书利用北大法宝数据库，用"创新型城市""长三角""老工业基地"等关键词进行检索，收集到标题中包含上述关键词的全部政策文件。然后，对上述政策文件进行人工阅读，保留内容为政策实施举措的文件，剔除诸如《建设创新型城市领导小组名单》等不涉及政策具体执行举措的文件。最终，我们保留146个政策文件进行文本分析。具体政策文件名称如附录所示。

其次，本书利用文本分析的方法分析上述政策文件，进而反映出政府参与方式的差异。基本思路如下：政府在不同政策中具有不同的参与方式，那么在制定相应政策的过程中，会将这种差异体现在政策文本中。因此，如果政府参与振兴东北地区等老工业基地政策、长三角扩容政策和创新型城市试点政策的方式存在差异，那么差异会被这些政策文件的文本特征所反映。

为了验证上述想法，本书采取如下两种方法对政策文本特征进行分析。第一，不施加人工分析的数据挖掘方法。基于政策文本数据，不施加人工分析的先验判断，完全采用数据挖掘的方法对政策文本进行分词，在剔除常用的停用词后，统计出政策文本中的所有类型词语的词频，以此反映出政策制定和实施中的特征，从而体现出政府参与方式的差异。第二，数据挖掘与人工分析相结合。具体而言，首先，通过人工阅读政策文件和前定知识，定义出能反映干预主导型、自发合作型、培育引导型三种政府参与方式的关键词。其次统计各类关键词在各政策文件中出现的频次。最后通过对比各政策文件中不同关键词出现频次的差异，反映出不同政策中政府参与方式的差异，从而确定政策所属的类型。本书定义的政策关键词如表3-3所示。

表3-3　　　　　　　　　不同政府参与方式的关键词

政策类型	关键词						
干预主导型	投资	资金	补助	资源	支持	扩大	保障
自发合作型	合作	协同	联动	一体化	共享	配合	共同
培育引导型	培育	引导	激励	自主	鼓励	研发	突破

资料来源：笔者根据网络公开资料整理。

利用上述方法，本书对振兴东北地区等老工业基地政策、长三角扩容政策和创新型城市试点政策分别进行了分析。

（一）振兴东北地区等老工业基地政策

基于第一种方法，在不施加人工分析的情况下，本书利用文本挖掘的方式对振兴东北地区等老工业基地的政策文本进行了分析，并制作了如图3-1所示的词云图。在词云图中，字体越大表示该词语在文件中出现的次数越多，也因此可以间接地反映出此类词语在政策实施中的地位更为重要。在振兴东北地区等老工业基地政策中，"改革""产业""东北地区"等词的频率较高，这直观地反映出了振兴东北地区等老工业基地政策的区域导向、政策目标和主要抓手。这个结果也与振兴东北地区等老工业基地政策的实际执行高度一致，间接印证

图3-1 振兴东北地区等老工业基地政策词云

资料来源：振兴东北地区等老工业基地政策相关文件。

了此方法的有效性。

从振兴东北地区等老工业基地政策的词云图中，我们也可以明确发现，该政策具有明显的政府干预主导的特征。具体而言，在词云图中，"支持""投资""资源""资金"等表达政府主导和投入的词语均有体现。词云图中显示的是文本中出现频次较高的词语，这说明此类表达政府主导的词语在政策文件中占有极为重要的地位。

运用第二种分析方法，本书通过对人工选择出的关键词进行统计，也印证了振兴东北地区等老工业基地政策具有政府干预主导的特征。图3-2展示了振兴东北地区等老工业基地政策文本中，干预主导型、自发合作型、培育引导型三类政府参与方式关键词的核密度分

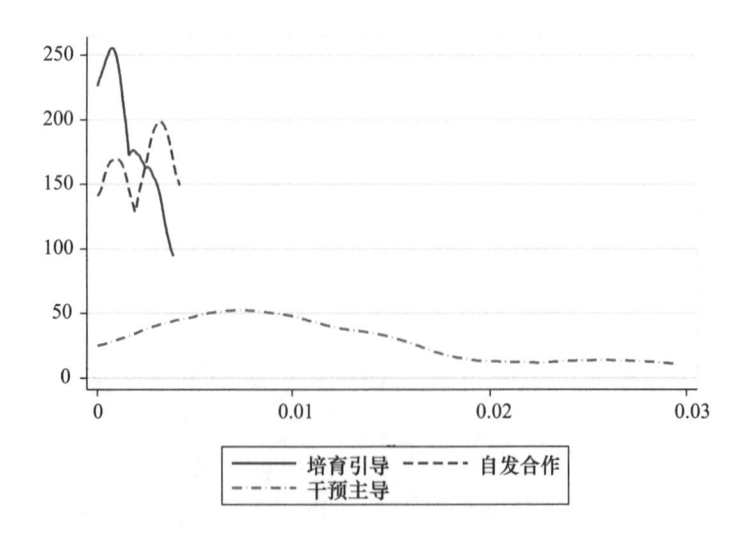

图3-2 振兴东北地区等老工业基地政策中关键词核密度分布

资料来源：振兴东北地区等老工业基地政策相关文件。

布[①]。从中可以明显看出，干预主导型关键词的分布形态与其他两类关键词存在明显差异，干预主导型关键词分布的中位数和最大值均远远高于自发合作型和培育引导型的关键词。上述政策文本分析表明，振兴东北地区等老工业基地政策具有明显的政府干预主导的特征。

(二) 长三角扩容政策

类似地，本书首先使用完全基于数据挖掘的方法，对长三角扩容的政策文件进行文本分析。图3-3展示了长三角扩容政策的词云图。

图3-3　长三角扩容政策词云

资料来源：长三角扩容政策相关文件。

[①] 其计算方式为：在每个文件中分别统计文件的总字数，以及各类关键词出现的总频次，然后用关键词的频次除以文件的总字数得到单位化后的各类关键词词频。图3-2则显示了振兴东北地区等老工业基地政策所有文件中各类关键词词频的核密度分布情况。本章其余核密度分布图均是用类似方法绘制。

与上文类似，图3-3也体现出了长三角扩容政策实施的重点，词云图中"长三角""区域""城市""合作"等词占据着重要的比重，反映出长三角扩容政策的目标区域为"长三角"区域，政策主体是"区域""城市"等空间单元，政策目标是区域间的"合作"。

词云图也充分反映了长三角扩容政策中，政府采取了自发合作型的参与方式。首先，词云中"合作""协同""共同"等直接反映合作的词占有很大比重。其次，"组织""体系""一体化"等可以反映合作载体的词语也在词云图中有所体现。最后，词云图中也包括"牵头""共享""共建"等说明政府合作分工的词语。总之，对比振兴东北地区等老工业基地政策的词云图，我们可以清晰地发现长三角扩容政策具有政府自发合作的特征。

长三角扩容政策中的自发合作特征也可以由关键词的核密度分布图反映出来。使用数据挖掘与人工分析相结合的方法得到的关键词核密度分布情况如图3-4所示。可以发现，长三角扩容政策文本中，自发合作型关键词的分布形态与其他两类关键词的分布形态存在明显差异，而且其分布的中位数和最大值均远远高于干预主导型、培育引导型的关键词。这进一步从政策文本的角度为长三角扩容政策属于自发合作型的区域导向型政策提供了支撑。

（三）创新型城市试点政策

文本分析结果表明，创新型城市试点政策具有政府培育引导的特征。图3-5展示了创新型城市试点政策的词云图。首先，词云图中

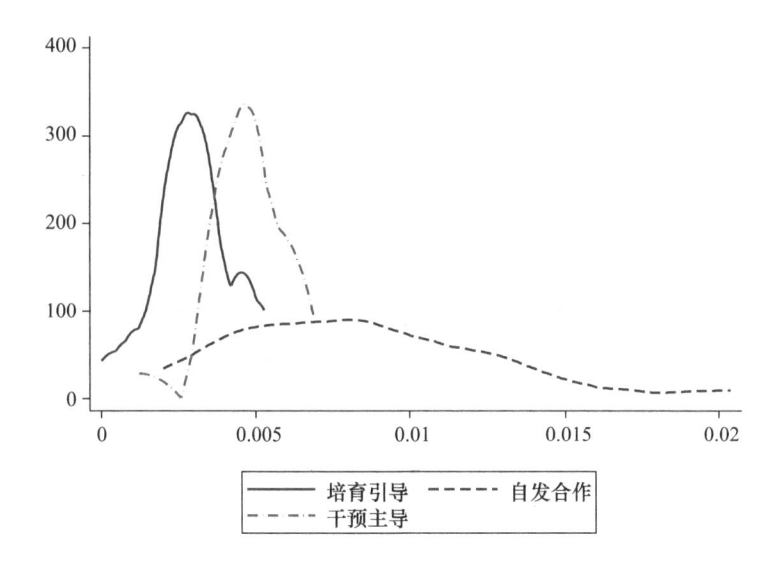

图 3-4　长三角扩容政策中关键词核密度分布

资料来源：长三角扩容政策相关文件。

图 3-5　创新型城市试点政策词云

资料来源：创新型城市试点政策相关文件。

与政策核心内容"创新"相关的词语比重较大,"创新""科技""技术"等词语具有较重要的地位。其次,与振兴东北地区等老工业基地政策注重扶持"产业"、长三角扩容政策强调"区域"合作不同,创新型城市试点政策文件中"企业"占有更重要的位置,这也说明此类政策具有引导和培育企业的特点。最后,词云图也包含直接反映政府以培育引导的方式参与此政策的词语,例如"鼓励""培育"等词语均在词云图中有所体现。完全基于数据挖掘得到的词云图充分反映出创新型城市试点政策具有政府培育引导的特征。

关键词的核密度分布图也支持"培育引导"是政府在创新型城市试点政策中的主要参与方式。如图3-6所示,创新型城市试点政策文本中,培育引导型关键词的中位数和最大值均高于其他两类关键

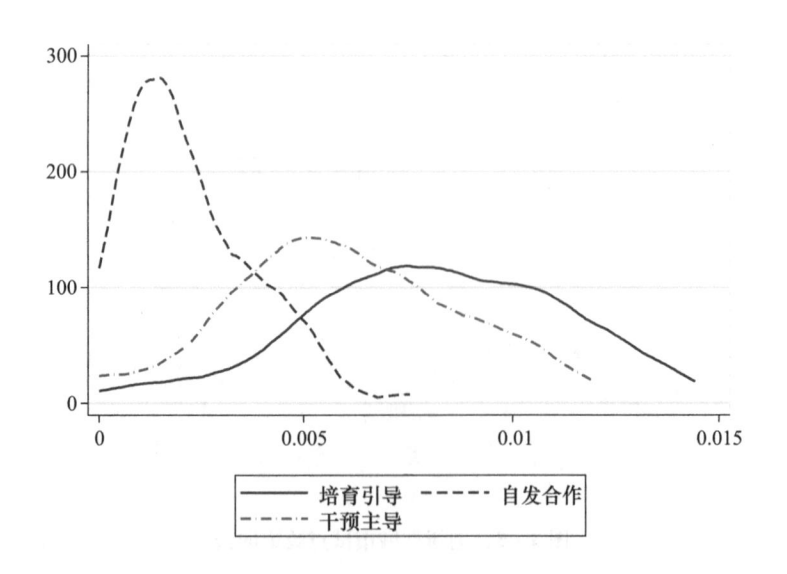

图3-6 创新型城市试点政策中关键词核密度分布

资料来源:创新型城市试点政策相关文件。

词。从分布形态上看，培育引导型关键词的核密度分布也与自发合作型关键词的分布存在较大差别，与干预主导型的关键词核密度分布尽管差异较小，但是仍然存在差异。这进一步为政府主要以培育引导的方式参与创新型城市建设提供了依据。

(四) 不同政策文本关键词频数的比较

我们对三项政策文件中干预主导型、自发合作型和培育引导型关键词的词频进行了横向对比。表3-4汇报了三类政策中三类关键词出现的平均数，其中振兴东北地区等老工业基地政策中干预主导型关键词较多，长三角扩容政策中自发合作型关键词较多，创新型城市试点政策中培育引导型关键词较多。政策间横向对比结果反映出在不同的区域导向型政策中政府的参与方式存在差异，其具体的参与方式类型与前文分析得到的结果一致。

表3-4　　　　　　　　政策间不同关键词频数对比

政策	关键词		
	干预主导	自发合作	培育引导
振兴东北地区等老工业基地	96.94	26.13	25.06
长三角扩容	63.47	105.32	39.00
创新型城市试点	66.12	22.52	73.04

资料来源：笔者根据网络公开资料整理。

总之，无论是基于文本挖掘还是前定关键词的词频统计，本书对于政策文件的文本分析结果一致。这表明，振兴东北地区等老工业基地政策文本中干预主导型关键词出现频数较高，长三角扩容政策文本中自发合作型关键词出现频数较高，创新型城市试点政策文本中培育引导型关键词出现频数较高。因此，振兴东北地区等老工业基地政策属于干预主导型的区域导向型政策，长三角扩容政策属于自发合作型的区域导向型政策，创新型城市试点政策属于培育引导型的区域导向型政策。

◇ 第四节　小结

本章对政策的空间导向性与政府参与方式进行了概念界定，梳理了中国区域导向型政策的实践历程，并在此基础上提炼出中国区域导向型政策实践中不同政府参与方式的典型政策，从政策文本和特征性数据两方面对各典型政策的政府参与方式进行了识别，从而为全文构建起分析的框架。具体而言，本章主要工作如下。

首先，在理论方面，本章参考相关研究，对区域导向型政策和政府参与方式进行了概念界定，并归纳总结了重点关注的三类区域导向型政策所对应的特征。根据政府参与的方式，区域导向型政策主要可以分为政府干预主导型、政府自发合作型和政府培育引导型。对于本书核心关注的三类区域导向型政策，政府干预主导型政策的特征为政府强度较大，市场化程度偏低，地区发展环境一般且发展目标单一；政府自发合作型政策的特征为政府强度较高，市场化程度较高，地区发展环境较好且发展目标多元；政府培育引导型政策的特征为政府强度中等，市场化程度较高，地区发展环境较好且发展目标多元。

其次，在政策实践方面，本章对中国区域导向型政策的典型实践进行了系统性梳理。整体上看，改革开放以来中国区域导向型政策的实施历程可以分为区域不平衡发展阶段、区域协调发展阶段和区域重点发展阶段。本章进一步对每一阶段的具体政策进行了梳理总结，从而为后文的政策筛选与分类打下基础。

最后，在政策选取与类型划分方面，本章选取区域导向型政策中不同政府参与方式的典例，并依据政策文本和特征性数据对其类型进行识别。具体而言，本章结合区域导向型政策在中国的实践，依据不同政府参与方式的典型特征，综合考虑政策的典型性、区域的代表性和目标的针对性，选定振兴东北地区等老工业基地政策、长三角扩容政策、创新型城市试点政策作为三项代表性政策。政策文件的文本分析表明，无论是基于文本挖掘还是前定关键词的词频统计，振兴东北地区等老工业基地政策文本中干预主导型关键词的出现频数较高，长三角扩容政策文本中自发合作型关键词的出现频数较高，创新型城市试点政策文本中培育引导型关键词的出现频数较高。政商关系的特征性数据表明，无论是在政策内部还是三类政策之间比较，长三角扩容政策下的政商关系相对最好，其次是创新型城市试点政策，振兴东北地区等老工业基地政策中政商关系相对最差。

综上，政策文本分析与政商关系数据的结果一致，这表明振兴东北地区等老工业基地政策属于干预主导型的区域导向型政策，长三角扩容政策属于自发合作型的区域导向型政策，创新型城市试点政策属于培育引导型的区域导向型政策。余下章节将在此基础上实证检验政府参与方式会如何影响区域导向型政策对经济增长的效果。

第四章

政府干预主导型区域政策与经济增长

——基于东北振兴的分析

区域政策自诞生起就带有浓重的政府干预色彩，最早的区域政策来源于计划经济体制下的苏联，用于协调各地区的经济发展。在中国的实践应用中，区域政策也一直充当政府干预地方经济发展的工具（孙久文等，2019）。因此，政府对地区的干预主导与经济增长的关系一直是研究的重点之一。

政府的干预主导对地区经济增长的影响是显著的。随着改革不断深化，它由中央主导逐渐转向地方主导。随着政策理论和实践的不断结合，区域政策不断更新、完善，政府主导地区发展的作用机制也更加多元化。生产性投入和基础环境建设是政府干预主导型区域政策的主要作用机制。通过一系列的政策安排，振兴东北地区等老工业基地的区域政策提高了东北地区的固定资产投资，完善了社会保障，促进了经济增长。政策的实施使东北三省2003年以来的年均经济增长率增加了 1.1—1.6 个百分点。这种经济增长同样是依赖基础设施建设和生产性投入等传统的政策作用路径发展起来的（魏后凯，2008）。除了东北地区，这种扩大财政支出追加基础设施投资的政策机制，在政府干预主导的地区发展中极为普遍。

政府干预主导型区域政策的理论基础源于多个方面，包括李斯特国家干预理论主张的根据经济发展阶段制定相应的经济政策，从而达到保护生产力或纠正经济发展路径的目的；支持凯恩斯主义的经济学者同样是政府干预的坚定拥护者，他们强调通过政府干预实现宏观经济的稳定，弥补市场失灵导致资源配置偏离最优状态造成的损失。无论是出于短期经济社会运行的修正，还是长期产业、经济发展的规划，政府对地区经济发展的干预都是不可避免的。因此，政府参与到区域经济发展运行过程中，也是世界各国采取的通用做法。随着政策程度的不断加深，以及在特殊的经济环境下，政府干预主导型区域政策就会产生。

在实施政府干预主导型区域政策的地区中，东北地区最为典型，政府主导的区域政策贯穿于东北地区发展的各个阶段。在自然资源禀赋优势和政府干预主导型区域政策的共同作用下，东北地区迅速建设成为全国重要的工业基地，并率先开始大规模的工业化、城镇化进程，一系列关乎国家工业实力和经济命脉的大型设备制造、能源、化工等产业迅速发展壮大。但是，这些行业投资回报周期长，前期投入大，进入门槛高，只能依靠政府的主导力量"速成"。最终形成了东北地区工业密集、国有企业占比大的基础环境（金凤君等，2010），进一步强化了政府对区域经济发展的影响力。政府对区域内各微观主体的控制力不断提升，干预主导型区域政策成为政府调控地方经济的首要选择。

然而，在实际的执行过程中，地方政府的生产性补贴、基础设施投资的确可以在短时间内快速促进地区经济增长，但也造成了长期发展乏力和全局发展失衡（魏志华等，2015），造成对人力资本投资和公共服务建设的忽视，甚至对人力资本和科技创新产生挤出效应。同时，针对企业的生产性投入或补贴也经常难以实现预期目的，针对国有企业的过度投资，很容易通过地方财政这一中介将压力转移到企业自身（唐雪松等，2010）。对于以资源密集型企业为主的北方地区，政府干预主导带来的过度补贴还会诱致政府对地方资源的过度开发，甚至是破坏性开发，限制了地方经济社会的长远发展，加重了"资源诅咒"的影响（胡援成等，2007）。在传统的政府绩效考评体系下，经济增长动力和财政压力也会在一定程度上扭曲区域政策。地方政府过度关注招商引资，缺少应有的筛选和限制，会影响整体的经济社会运行（周黎安，2007）。

现有文献对区域政策作用的各类机制和政策效果的评价已经做了充足的研究，但是关注点主要集中在"区域政策"这一宏观概念上，忽略了区域政策制定和实施的过程中政府角色定位不同而导致的异质性。因此，本章以东北地区为例，研究"东北振兴"政策对东北地区经济的影响，并进一步研究政策的作用机制，即探讨政府干预主导型区域政策形成的区域经济特征和结构是否有利于地区经济发展，政府干预主导的区域政策工具能否充分发挥其预设的直接和间接的效用。本章剩余部分安排如下：第一部分为政策背景，第二、第三部分为研究的实证模型、数据及实证回归结果，第四部分为政策作用机制的检验，第五部分为结论与政策建议。

◇ 第一节　政策背景

政府干预主导型区域政策具有典型的地区特征，会影响区域政策的主要作用机制是在地区政府区域政策实践过程中逐渐摸索、调整形成的。选用东北振兴作为典型案例，我们需要对东北地区的区域政策实践进行总结，提炼其中主要的政策机制，更加具体地分析政府干预主导型区域政策对地区经济发展的具体影响。与前文总结的政府干预主导型区域政策的典型特征一致，东北振兴一系列区域政策主要通过直接的资源投入，利用政府投资、税收返还、政策补贴等渠道直接刺激区域经济发展，核心是发挥政府的行政职能调节市场经济，主要的作用机制是基础设施建设和生产性投资（赵儒煜等，2017）。

政府干预主导型区域政策在东北地区的集中应用始于 20 世纪 50 年代。它以资源地为导向，政府汇集大量的人力、资金和技术对自然资源进行开发，并基于原有的地区基础设施兴建大型工厂。政府主导了地区的城市化和工业化进程。这一时期，东北地区的干预主导型区域政策主要瞄准两方面的政策目标：一方面，通过"三大改造"确立社会主义制度，调整经济发展制度环境；另一方面，集中建设各类工业产业，通过区域政策完成资源的调配整合，建立基本工业体系。在政府干预主导型区域政策的影响下，东北地区进入了经济发展的快车道。

20世纪80年代，随改革开放推进的国有企业改革极大地改变了东北地区经济社会发展的内部、外部环境，市场的力量逐渐得到重视，但是东北地区的经济特征决定了政府仍然是区域发展的主导力量。然而，新的发展环境带来了政府干预主导型区域政策重点的转向，重点经济区的开放和经济空间格局调整逐渐成为经济社会发展的重点任务。这一时期，市场力量的强化没有改变政府干预主导的特征，典型的政策既有宏观层面确定区域经济发展战略和方针的《东北经济区经济社会发展战略纲要》（1985年），也有在微观层面通过项目建设再分配区域资源形成区域增长极的《90年代国家产业政策纲要》（1994年）等。虽然在政策的作用机制中市场的力量逐渐增大，但是政府对区域经济的主导力量没有根本改变。

进入21世纪后，东北地区发展所面临的外部市场环境和内部发展条件发生了翻天覆地的变化。然而，正处于经济转型阵痛期的地方政府无力改变国有企业占比高、企业体量大、产业结构相对单一的发展困境。而且，面临市场化和资源枯竭双重冲击时，企业自身无力调整，产业发展出现问题，地区发展陷入衰退，"东北现象"开始出现。为了解决这一问题，中央政府针对性地提出了"振兴东北地区等老工业基地"战略。在战略提出后，各级政府的具体规划及政策工具也相继出台，重点扶持区域内支柱产业和主导产业。与"振兴东北地区等老工业基地"相伴提出的大量区域政策，是近年来政府干预主导型区域政策的又一次大规模应用。大量项目投资接踵而至，依靠政策红利，地方企业与政府政策的关系进一步拉近，地方政府对区域发展的调控力度再次得到强化。

经过长期的理论探索和实践总结，这一时期，东北地区政府干预主导型区域政策的应用已经逐渐完善、成熟，形成了较为典型的模式，是对以往政策实施得失的总结和继承，具有较高的研究价值。

根据"振兴东北地区等老工业基地"战略所制定的各类区域政策工具主要包括：差异性的财政政策、差异性的货币政策和差异性的贸易政策；既包括通过宏观政策、政府规制等方式间接影响区域发展，也包括运用补贴、减税、优惠的土地供给条件、特许经营、降低进入门槛等方式直接影响企业微观单元，对地区差距进行干预，以实现预设的发展目标。

从政策工具作用的主要对象来看，可以分为企业和地区基础设施两方面。前者很大程度上决定了东北地区的经济发展水平，后者通过改善地区基础设施间接影响地区经济发展。

直接对企业施加影响，如对目标企业进行补贴、降税来减轻企业经营压力，可以提高地区经济发展水平。但是，企业产出的增加并不一定代表企业盈利情况的改善，持续投入激励企业扩大产出，中间品投入不断增加，导致产出不能同比例转化为利润（王娟等，2017）。同样，税收政策也可以刺激企业的固定资产投资，但是仅靠税收政策无法有效提升企业绩效，会导致企业缺乏内在增长力，出现投资过热的现象。2004年增值税转型开始在东北地区试点，显著地提高了企业的资本集中度和劳动生产效率，但是其机制是企业转向资本密集型而非技术创新（聂辉华等，2009）。

在改善区域基础设施方面，"振兴东北地区等老工业基地"的区域政策显著提高了地区的基础设施建设水平，但是项目建设集中在短期目标，间接导致政府负债率上升，挤占了地方政府的流动性，最终造成对基础设施的投入反而抑制了经济增长（刘蓉等，2021）。针对城市环境和服务设施的投资是政府干预主导型区域政策的另一个主要方面。这类投资可以有效地提升城市韧性，改善地区发展环境，缩小区域内部差距（赵林等，2014）。进一步地，可以通过资源的协调与再配置，改善计划经济工业布局下造成的公共服务失配状况。

不难发现，在东北地区区域政策实践的过程中，有效的机制和失效的机制都大量存在。专注于某一政策在特定区域的效果，即对政策自身的研究，会因为忽略了政府在政策制定、执行过程中的角色与参与方式，最后得出截然不同的结论和政策作用机制。然而，区域经济的发展始终是由政府和市场两方力量共同推进的，两者力量此消彼长。因此，执行干预主导型区域政策时，政府的干预力度会更强，政策的执行更加彻底和贯彻程度更高，市场对政策的调节能力较弱。最终表现出来的结果就是，政府可以直接调控和干预的要素，往往能够积极响应政策进行调整，并在一定程度上达成预期。当政策直接控制的要素作为中介发挥影响时，政策的执行效果就变得难以预期。

◈ 第二节 方法和数据

在本章中，我们选择"振兴东北地区等老工业基地"政策作为政府干预主导型区域政策的代表，对政策效果进行评估。东北地区早期的工业化和城市化就是在政府干预主导下进行的，经历了长期的发展，政府主导的区域政策涵盖范围越来越广，影响程度也越来越深。在这样特定的历史路径下，东北地区的区域政策普遍带有明显的政府干预主导特征，可以视为实施政府干预主导型区域政策的典型地区。

一　识别策略

2003年10月，中共中央、国务院正式印发《关于实施东北地区等老工业基地振兴战略的若干意见》。次年1月，国务院振兴东北地区等老工业基地领导小组成立，标志着东北振兴的进程正式开始。2016年，中共中央、国务院发布《关于全面振兴东北地区等老工业基地的若干意见》，标志着东北振兴进入"全面振兴"阶段。基于数据可得性和本书研究定位，我们选择2003年的东北振兴战略作为研究对象，将研究区间设定为2000—2016年。虽然"振兴东北地区等老工业基地"战略是由中央政府制定和颁布的，但是具体区域政策的制定和执行是由地方政府完成的。因此，受政策影响的东北城市具有被政府干预主导型区域政策影响的特征。考察振兴东北地区等老工业基地政策对东北地区老工业基地城市的影响，就可以识别出政府干预主导型区域政策的效果。在政策实施的过程中，不同的城市会由于是否受政策影响而存在差异；随着城市发展，城市的各项特征也会随时间而产生差异。城市和地区存在着两个"差异"，可以使用双重差分方法识别振兴东北地区等老工业基地区域政策的平均处理效应。具体而言，本书对如式（4-1）进行估计。

$$Y_{rt} = \alpha_0 + \beta_1 \, treat_r \times post_t + \mu_r + \delta_t + \alpha X_{rt} + \varepsilon_{rt} \quad (4-1)$$

式（4-1）中，Y_{rt}代表被解释变量；r 和 t 分别代表城市和时间；$treat_r$代表一个城市是否受到政策影响的虚拟变量，如果受到政策影响则为 1，反之则为 0；$post_t$代表政策影响前后的虚拟变量，在政策出台之后为 1，政策出台之前则为 0；X_{rt}为控制变量；μ_r为个体固定效应；δ_t为时间固定效应；ε_{rt}为随机扰动项。那么通过对式（4-1）进行估计，得到的估计系数 β_1 代表了我们所估计的平均处理效应。

首先，明确政策冲击及作用的时间，"振兴东北地区等老工业基地"的指导思想和原则于 2003 年 9 月确定，所以将 2004 年作为政策执行的第一年。其次，在对政策效果进行评价时，还要保证评价尺度与政策实施的尺度相吻合。梳理振兴东北地区等老工业基地政策的系列规划文件，可以确定振兴政策的实施基本单元是城市，因此，我们选择地级市作为政策评估的样本。最后，合理划定实验组和对照组。2013 年国家发展和改革委员会印发《全国老工业基地调整改造规划（2013—2022 年）》。规划根据中国"一五""二五"和"三线"建设时期国家工业布局情况，以及1985年全国地级以上城市工业固定资产原值、工业总产值、重化工业比重、国有工业企业职工人数与就业比重、非农业人口规模等6项指标进行测算，列出了120个老工业基地城市，包括95个地级市和25个省会城市、直辖市和计划单列市。在规划提出之前，振兴东北地区等老工业基地政策主要针对东北三省及蒙东五盟市的老工业城市。因此，我们将2003年享受东北振兴政策的老工业城市作为实验组，将2013年加入的老工业城市作为对照组。根据经典文献的做法，本书通过控制时间效应和个体效应的方法进行估计，基准回归模型如下。

$$GDP_{it} = \alpha_0 + \beta_1 policy\_gov_{it} + \alpha X_{it} + \delta_i + \mu_t + \varepsilon_{it} \quad (4-2)$$

式（4-2）中，被解释变量为GDP_{it}，为某一年某一城市的地区生产总值（亿元）；下标i和t分别表示第i个城市和第t年；X_{it}为其他控制变量，其具体变量见后文；δ_i代表城市的个体固定效应；μ_t代表年份的时间固定效应；$policy\_gov_{it}$为核心解释变量，代表了一个城市是否为东北地区的老工业基地城市，即是否受振兴东北地区等老工业基地一系列区域政策的影响，其系数β_1衡量了区域政策对于该城市经济增长的平均处理效应。

二 变量和数据

为了估计振兴东北地区等老工业基地的区域政策对地区经济的影响，我们选择地区生产总值（GDP）作为被解释变量。虽然区域政策的考评指标日趋多元,但是对于东北地区这样的老工业基地来说,GDP 是反映地区发展环境优化、国有企业经营状况改善的直观指标。此外,东北地区陷入衰退的一个显著表征就是经济增速的持续下滑,而振兴东北地区等老工业基地区域政策最初的目的也是扭转东北地区经济低迷的局面,因此,本书选择 GDP 作为核心的被解释变量。为了更加全面地反映政策对区域发展的影响,在基本回归中,我们加入了城市人均 GDP 反映地区发展水平,加入了夜间灯光亮度数据来表示非数据指标衡量的地区发展水平,从而有效规避数据虚假的问题,并且反映城市的综合发展水平。已有研究表明,一个地区的灯光亮度与当地的经济发展水平呈正相关关系。同时,夜间灯光数据来源于卫星采集的不同地区的夜晚灯光亮度,人为干预难以影响数据的真实性,因此可以在一定程度上避免东北地区部分城市数据造假带来的影响(陈晋等,2003)。本书的核心解释变量是振兴东北地区等老工业基地的区域政策。该变量的识别方法如下:若一个城市为东北地区的老工业基地城市,则该城市 2004 年和之后年份的 $policy\_gov$ 设定为 1;在老工业基地城市中,非东北地区的城市和东北地区的老工业基地城市 2004 年之前年份的 $policy\_gov$ 设定为 0。

表 4-1　　　　　　　　变量名称、含义及计算方法

变量名称	变量含义	计算方法
gdp	地区生产总值	1999 年不变价城区生产总值(亿元)
$pgdp$	人均地区生产总值	城区生产总值/城区常住人口(元)

续表

变量名称	变量含义	计算方法
light	城市夜间灯光亮度	城市夜间灯光亮度
hcap	城市人力资本水平	每万人中受高等教育人数
snd	第二产业发展情况	第二产业产值/地区生产总值
trd	第三产业发展情况	第三产业产值/地区生产总值
inv	地区投资水平	城区新增固定资产投资/地区生产总值
inf	基础设施水平	人均道路面积（m²）

资料来源：笔者根据网络公开资料整理。

根据上述研究设计，本书选取2000—2018年中国地级及以上城市的数据。数据主要来自《中国城市统计年鉴》，其中，襄阳市涉及更名和区划调整，部分年份的控制变量数据缺失，所以剔除了襄阳市的样本。主要变量及其计算如表4-1所示。其中，地区生产总值、人均地区生产总值和城市夜间灯光亮度为基础回归的被解释变量，解释变量为时间和政策处理交互的虚拟变量 T，其他为控制变量。所用数据的描述性统计如表4-2所示。

表4-2　　　　　　　　　描述性统计

变量名称	样本数	均值	标准差	最小值	最大值
gdp	1386	863.36	888.49	40.90	6354.87
pgdp	1386	26361.21	27859.76	2392.52	225094.80
light	1386	0.30	0.45	0.02	4.67
hcap	1386	100.67	81.92	1.28	539.75

续表

变量名称	样本数	均值	标准差	最小值	最大值
snd	1386	0.51	0.11	0.19	0.91
trd	1386	0.34	0.69	0.09	0.85
inv	1386	0.51	0.23	0.08	0.86
inf	1386	8.84	4.85	0.14	36.74

资料来源：笔者根据网络公开资料整理。

第三节 基础回归和稳健性检验

一 基础回归

根据前文的基础回归模型，本章估计振兴东北地区等老工业基地一系列政策对区域经济发展的影响，选择2000—2018年各城市的地区生产总值作为被解释变量。同时，选择人均地区生产总值衡量城市的发展水平，选择城市夜间灯光亮度衡量城市的综合发展水平，以获得更全面的结果。结果如表4-3所示，表格每两列为一组，分别为未添加控制变量和添加控制变量之后的评价处理效应。实验组为东北地区的老工业基地城市，共23个城市；对照组为其他地区的老工业基地城市，共72个城市。结果显示，在不控制其他控制变量时，振兴东北地区等老工业基地的政策效应显著为负，加入控制变量后，仅在5%的水平上显著为负。这与大多数评价东北地区区域政策的研究结论相一致。我们还发现，政策对地区的人均生产总值产生了正向影响，但结果并不显著。从城市综合发展角度来看，政策产生了消极的影响，但这一结论也不显著。

表4-3　　　　　　　　　基础回归结果

变量	gdp	gdp	pgdp	pgdp	light	light
treat × t	-2.745***	-1.829**	0.031	0.265	-0.104*	-0.081
	(1.016)	(0.920)	(0.333)	(0.296)	(0.055)	(0.052)
hcap		0.018**		0.008***		0.001
		(0.009)		(0.003)		(0.001)
snd		5.172		-3.351		-0.441
		(7.464)		(2.371)		(0.391)
trd		15.311*		0.302		0.267
		(9.232)		(2.086)		(0.388)
inv		-1.932		-2.658***		0.020
		(1.726)		(0.873)		(0.084)
inf		0.067		0.056**		0.000
		(0.090)		(0.025)		(0.005)
Constant	29.034***	19.622***	2.951***	4.249**	0.644***	0.729***
	(0.577)	(6.052)	(0.188)	(1.694)	(0.037)	(0.236)
控制变量	未控制	已控制	未控制	已控制	未控制	已控制
城市固定效应	已控制	已控制	已控制	已控制	已控制	已控制
年份固定效应	已控制	已控制	已控制	已控制	已控制	已控制
样本量	1386	1386	1386	1386	1386	1386
城市数	95	95	95	95	95	95

注：括号内数据根据地级市聚类的稳健标准误计算。*** $p<0.01$，** $p<0.05$，* $p<0.1$。

综上，我们可以认定，以振兴东北地区等老工业基地政策为代表的政府干预主导型区域政策并没有发挥其应有的效果,反而阻碍了地区发展,使得地区生产总值下降。这与以城市夜间灯光亮度这一数据所表示的城市综合发展水平的表现相一致。但是,从地区发展水平,即人均地区生产总值的角度来看,区域政策产生了积极的影响。这种情况可能说明,政府干预主导型区域政策的效果评价是复杂的,政府干预主导型区域政策的执行地区往往具有其典型特征,如国有企业占比高,制造业产值贡献大,政企责任分割不明确,等等。这需要我们对具体问题进行深入探讨。

二　平行趋势检验

为了保证检验结果的稳健性,本书进行了一系列的稳健性检验。根据 Bertrand 的研究,保证双重差分估计有效的前提条件之一就是实验组和控制组在接受处理之前满足平行趋势,即必须保证控制组和对照组的关键变量在事前保持相同的变化趋势,否则无法保证双重差分估计出的政策处理效应的准确性。因此,本书利用事件研究的方法,检验平行趋势假设与动态效应。具体做法如下,以表示受到处理第几年的虚拟变量替换基础回归中的核心解释变量($policy\_gov$),将回归方程改为式(4-3)的形式。因为振兴东北地区等老工业基地于 2003 年底首次提出,2004 年作为政策正式出台的第一年,不仅地方政府需要时间完善相关规划,各项政策工具也需要时间完成准备工作,因此,我们可将 2003 年和 2004 年视为政策即将生效的年份并作为事件研究的基准期。故将式（4-3）中的 B_k 设定为 2003 年的前 k 年，A_k 设定为 2004 年后的第 k 年，其余变量含义与基础回归相同。这样，B_k 和 A_k 的估计系数则体现了政策的动态效应。

$$policy\_gov_{it} = \alpha_0 + \sum_{k=1}^{4} \beta_k B_k + \sum_{k=0}^{11} \beta'_k A_k + \alpha X_{it} + \delta_i + \mu_t + \varepsilon_{it}$$
(4-3)

结果如图 4-1 所示，中间的圆点为距离东北振兴政策出台不同年份的系数，虚线代表其置信区间，所有事前虚拟变量的估计系数均不显著，即实验组和对照组城市各项特征变化趋势相同，满足平行趋势假设。

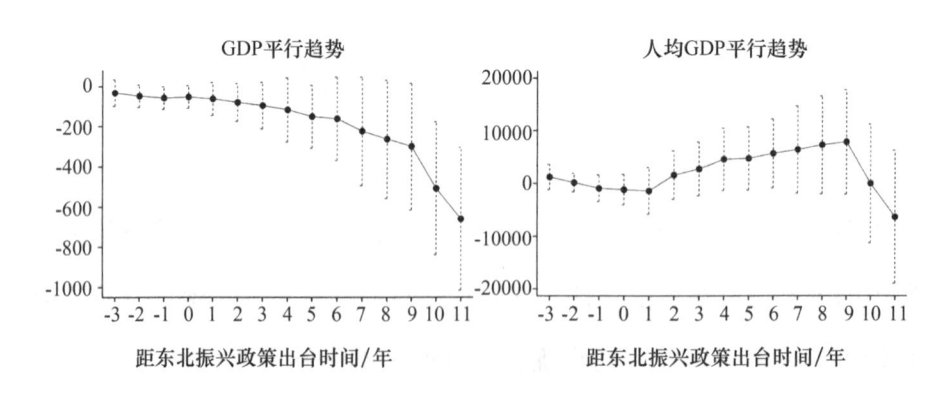

图 4-1 平行趋势检验结果

资料来源：笔者绘制。

在振兴东北地区等老工业基地政策提出后的第一年，虚拟变量的估计系数为负，但是结果并不显著，一年之后，显著的负向作用表现出来。这说明随着政策的深入实施，各项政策工具的影响效果不断扩大，政府干预主导的区域政策对区域经济的抑制性逐渐增强，但是这种抑制作用随着政策影响的衰减而降低。一方面，结果证明政策实施确实存在着一定的时滞，政府干预主导的区域政策更多采取较为直接的投资和补贴，不论是对企业还是对地区发展条件，都需要有一个投入向产出转化的过程，政策的效果并不能即刻体现出来；另一方面，区域政策的影响会随着时间逐渐衰减，说明政策在具体执行的时候并没有形成循环累积的效应。

三 稳健性检验

从2013年开始，对照组的城市也开始受到政策的影响。为了排除数据选择对实证结果的影响，同时证明东北振兴区域政策对老工业基地的影响是确实存在的，我们在原有数据和方法的基础上，将政策冲击设定为2013年，进一步做了稳健性检验。

因为在2013年出台的《全国老工业基地调整改造规划（2013—2022年）》中对照组的城市也被纳入东北振兴的政策范围，我们可以借此判断基本回归中得到的促进效果是由振兴政策导致的，还是东北地区的城市未被观察到的其他因素导致的。回归结果如表4-4，估计结果进一步扩大，且显著性提高。这表明，将全国其他老工业城市纳入东北等老工业基地振兴政策的范围后，这些城市的经济发展也相应地受到了影响，人均地区生产总值的平均效应也由正转负。这说明，政府干预主导型区域政策对地区发展的抑制性是存在的，且2013年纳入政策范围的城市受影响的程度大于 2003 年就受到政策影响的城市。

表 4-4　　　　　　　　　　　稳健性检验

变量	gdp	gdp	pgdp	pgdp	light	light
treat × t	-5.408***	-4.586***	-0.378	-0.573	-0.212***	-0.216***
	(1.025)	(1.227)	(0.302)	(0.412)	(0.061)	(0.068)
hcap		0.018**		0.008***		0.001
		(0.008)		(0.003)		(0.001)
snd		4.399		-3.751		-0.481
		(7.316)		(2.350)		(0.385)
trd		14.203		-0.054		0.212
		(8.910)		(2.047)		(0.375)
inv		-3.374*		-2.839***		-0.048
		(1.999)		(0.940)		(0.090)
inf		0.074		0.054**		0.000
		(0.092)		(0.025)		(0.005)
Constant	29.314***	20.696***	2.929***	4.545***	0.654***	0.781***
	(0.497)	(5.827)	(0.158)	(1.662)	(0.032)	(0.226)
控制变量	未控制	已控制	未控制	已控制	未控制	已控制
城市固定效应	已控制	已控制	已控制	已控制	已控制	已控制
年份固定效应	已控制	已控制	已控制	已控制	已控制	已控制
样本量	1386	1386	1386	1386	1386	1386
城市数	95	95	95	95	95	95

注：括号内数据根据地级市聚类的稳健标准误计算。*** p<0.01，** p<0.05，* p<0.1。

为了尽量降低内生性影响，排除其他政策因素影响基础回归的结果，我们选择与东北三省临近的蒙东三市和内蒙古自治区的其他城市的分样本进行备择假设验证的回归。

结果如表4-5所示。在原有数据和方法的基础上,我们将蒙东三市作为实验组,内蒙古自治区的其他城市作为对照组。内蒙古自治区仅有蒙东三市为老工业基地城市,且与东北地区具有地理空间上的邻近性。通过估计政策对蒙东三市与内蒙古自治区其他城市的平均效应,我们可以确定在政策期间是否存在其他因素影响回归的结果。因为本章的研究针对城市,以城市统计年鉴数据为基础,因此不包含锡林郭勒盟和兴安盟的数据,实验组为通辽市、赤峰市和呼伦贝尔市。在不加入控制变量时,政策降低了蒙东三市的地区生产总值、人均地区生产总值和城市夜间灯光亮度代表的城市发展综合水平,但是仅有人均地区生产总值在1%的水平下显著,城市夜间灯光亮度在5%的水平下显著。在加入了对照组后,人均地区生产总值和城市夜间灯光亮度的估计结果均不再显著。地区生产总值的平均效应为正,仅在10%的水平下显著,说明东北振兴区域政策的冲击不足以解释蒙东三市和内蒙古自治区其他地市的发展差异,同时在政策作用期间,也不存在其他与政策冲击类似的因素影响蒙东三市。这可以说明政府干预主导的区域政策的实施确实在一定程度上限制了东北地区的发展,支持我们基础回归的结果。

表4-5　　　　　　　　蒙东三市及内蒙古其他地区

变量	gdp	gdp	$pgdp$	$pgdp$	$light$	$light$
$treat \times t$	-5.078 (4.188)	2.930* (1.513)	-5.770*** (1.678)	-0.505 (0.971)	-0.286** (0.144)	-0.304 (0.216)

续表

变量	gdp	gdp	pgdp	pgdp	light	light
hcap		0.017*		0.001		0.000
		(0.010)		(0.002)		(0.000)
snd		-22.641		-31.749***		-1.860**
		(30.849)		(11.771)		(0.900)
trd		4.120		-17.065		-3.228
		(15.725)		(11.405)		(2.131)
inv		7.982		2.221		-0.195
		(6.520)		(1.882)		(0.120)
inf		0.233***		0.170***		-0.001
		(0.072)		(0.028)		(0.002)
Constant	3.956	-0.933	0.322	19.621**	0.137	2.406*
	(3.627)	(19.839)	(0.788)	(9.619)	(0.150)	(1.266)
控制变量	未控制	已控制	未控制	已控制	未控制	已控制
城市固定效应	已控制	已控制	已控制	已控制	已控制	已控制
年份固定效应	已控制	已控制	已控制	已控制	已控制	已控制
样本量	144	144	144	144	144	144
城市数	9	9	9	9	9	9

注：括号内数据根据地级市聚类的稳健标准误计算。*** $p<0.01$，** $p<0.05$，* $p<0.1$。

进一步地，我们需要排除东北地区城市特征对结果可能造成的影响，即基础回归中估计的平均效应是政策对东北地区老工业基地城市影响的结果，而非因为这些城市位于东北地区。因此，在原有数据和方法的基础上，我们选择东北三省的老工业基地作为实验组，东北三省以外的其他所有城市作为对照组，结果如表4-6所示。在不添加控制变量的情况下，政策降低了东北三省老工业基地城市的地区生产总值、人均地区生产总值和城市发展综合水平，地区生产总值和人均地区生产总值的回归结果并不显著或仅在10%的水平下显著。在加入了控制变量后,结果没有明显的变化,地区生产总值和人均地区生产总值的结果均表现为不显著,在1%的水平下,城市综合发展水平的质量显著为负。通过这一结果,我们可以发现,首先,回归结果支持基础回归的结论,东北地区政府干预主导型政策的使用在一定程度上制约了地区的发展。其次,选择东北三省以外的其他老工业基地城市作为对照组是有意义的,可以使结果更具对比性,排除其他因素的干扰。最后,城市夜间灯光亮度数据的回归结果可能说明,相比于老工业基地城市,其他城市的综合水平提升更高,而在老工业基地城市中,受资源枯竭、产业转型升级受阻等因素影响,城市发展普遍陷入停滞,最终导致城市发展水平被其他城市超越。

表4-6　　　　　　　　东北三省老工业基地及其他地区城市

变量	gdp	gdp	pgdp	pgdp	light	light
treat×t	-3.116*	-2.206	-0.291	-0.159	-0.236***	-0.206***
	(1.790)	(1.597)	(0.292)	(0.305)	(0.048)	(0.051)
hcap		0.030***		0.005***		0.001***
		(0.009)		(0.001)		(0.000)
snd		-25.140***		-6.058***		-1.065***
		(8.334)		(1.862)		(0.335)
trd		0.019		0.007**		0.001***
		(0.016)		(0.003)		(0.000)
inv		-10.286***		-2.621***		-0.249***
		(2.497)		(0.586)		(0.079)
inf		0.026		0.017		0.001
		(0.022)		(0.014)		(0.001)

续表

变量	gdp	gdp	$pgdp$	$pgdp$	$light$	$light$
Constant	20.894***	28.024***	0.821***	3.062***	0.222***	0.536***
	(0.706)	(4.452)	(0.154)	(0.926)	(0.048)	(0.139)
控制变量	未控制	已控制	未控制	已控制	未控制	已控制
城市固定效应	已控制	已控制	已控制	已控制	已控制	已控制
年份固定效应	已控制	已控制	已控制	已控制	已控制	已控制
样本量	4544	4544	4544	4544	4544	4544
城市数	284	284	284	284	284	284

注：括号内数据根据地级市聚类的稳健标准误计算。*** $p<0.01$，** $p<0.05$，* $p<0.1$。

◇◇ 第四节 政策作用机制

虽然"振兴东北地区等老工业基地"是针对老工业基地设计的一系列区域政策，在政策制定和执行的过程中，各项机制也不断完善、深化，但是从整体上来看，这一区域政策对东北等地区的经济增长并没有起到积极的促进作用。为了更加全面地评价振兴政策的效果，找到有效和失效的政策机制，我们需要分解"振兴东北地区等老工业基地"政策的总目标，对政策的作用机制进行考察。

在确定了"振兴东北地区等老工业基地"的原则和指导思想后，2004年1月，中国成立了国务院振兴东北地区等老工业基地领导小组，东北各省关于振兴老工业基地的区域政策也相继出台。这些政策文件的主要着眼点在于整个区域基础设施的建设和对工业产业、企业的扶植，使东北地区的老工业城市从基础设施和产业质量方面都重新获得竞争优势。在基础设施层面，包括：（1）保持经济稳定发展；（2）扩大对外开放力度；（3）优化经济结构；（4）推动资源型城市可持续发展。在产业和企业扶持层面，包括：（1）激发民营经济活力；（2）改善国有企业经营状况；（3）提升企业开放程度；（4）培育国有企业内生动力。所以，在本章政策作用机制的研究部分，我们从投资情况、基础设施建设情况、教育发展情况和对外开放情况四个方面评价区域政策对老工业城市基础设施的影响；从企业的利润、纳税、平均工资，以及民营企业的产值、就业人口占比等几个方面评价区域政策对老工业基地企业的影响。在此基础上，进一步分析政策生效或失效的机制和原因。

在政策机制的研究中，控制变量、实验组和对照组的设置与基本回归的设置基本相同，选用的对照组均为老工业基地城市。为了表述更加简洁清晰，文中仅列出了设置控制变量时的情况，未添加控制变量的结果与其相似项，因不影响结论，故未列入表内。基础设施层面的区域政策机制回归结果如表 4-7 所示。

表 4-7　　　　　　　　　　基础设施机制评价结果

变量	$real-est$	$real-est\_r$	fdi	edu	sci
$treat \times t$	-0.365***	-0.365***	7.968**	-0.404***	-0.400***
	(0.105)	(0.105)	(4.042)	(0.108)	(0.138)
$hcap$	-0.000	-0.000	0.0425**	-0.001***	0.001
	(0.001)	(0.001)	(0.017)	(0.000)	(0.001)

续表

变量	real-est	real-est_r	fdi	edu	sci
snd	-1.130	-1.130	-22.19	1.684***	1.686
	(0.782)	(0.782)	(26.14)	(0.579)	(1.136)
trd	0.193	0.193	-17.92	1.402*	0.492
	(0.689)	(0.689)	(25.49)	(0.742)	(1.307)
inv	-0.979***	-0.979***	32.02***	0.214*	0.379*
	(0.212)	(0.212)	(8.332)	(0.117)	(0.203)
inf	0.010	0.010	0.200	0.002	0.004
	(0.165)	(0.007)	(0.410)	(0.005)	(0.011)
Constant	-1.773***	-1.773***	28.09	8.788***	6.007***
	(0.583)	(0.583)	(18.43)	(0.522)	(0.953)
控制变量	已控制	已控制	已控制	已控制	已控制
城市固定效应	已控制	已控制	已控制	已控制	已控制
年份固定效应	已控制	已控制	已控制	已控制	已控制
样本量	1386	1386	1386	1386	1386
城市数	95	95	95	95	95

注：括号内数据根据地级市聚类的稳健标准误计算。*** $p<0.01$，** $p<0.05$，* $p<0.1$。

前两列分别为房地产投资金额和房地产投资金额与固定资产投资金额的比值。两者政策影响的评估效果均在1%的水平下显著为负，说明"振兴东北地区等老工业基地"的区域政策显著抑制了房地产业在城市的发展。这种抑制不仅仅是绝对金额数量上的抑制，还包括在固定资产投资占比上的抑制。这与东北地区的实际发展结果相一致。相比于全国其他城市持续上涨的房价，东北地区大中城市的房地产价格始终保持相对平稳的水平，说明东北振兴一系列区域政策虽然没有表现出对地区经济发展应有的促进作用，但是其投资主要流向了企业，没有过度依赖土地开发，是下一阶段健康发展的良好基础。

第三列为外商直接投资与地区生产总值的比重，其结果在5%的水平下显著为正，说明东北地区的开放水平在政策实施期间得到了显著提高，东北地区老工业城市对外资的吸引力度以及外商投资对地区经济发展的贡献比重也进一步增加。从这个角度来看，东北振兴区域政策预设的政策机制是有效的，初步的政策目的也有实现，因此，最终问题可能出现在从投资到产出的转化环节，需要我们进一步分析。

第四列和第五列分别为人均财政教育支出和人均科技财政支出，分别反映出东北地区老工业基地城市对地区发展教育和科技水平的重视程度。两者的平均估计效应均为负，教育支出的结果在1%的水平下显著，教育支出和科技支出的结果均在1%的水平下显著。研究结果验证了我们提出的假设，即一方面，振兴东北区域政策过度依赖投资的政策工具，对于影响地区长远发展的领域，如教育和科技投入的资源相对不足。这导致在投资带来的驱动作用逐渐消退之后，后续的发展力量不足，而过量的投资导致地区生产规模扩大，资产折旧增加，政府负担加重，进而陷入经济衰退。另一方面，我们也发现，政策带来的投资基本按照预设的路径进入了企业，没有过度地流向房地产市场，没有过度依赖土地财政，可以保证下一阶段东北地区经济发展的基础更加扎实。

为了进一步考察东北振兴区域政策对企业的投资是否发挥了应有的作用，我们从企业层面检验政策的平均处理效应。在原有方法基础上，我们使用城市统计年鉴中各地级市水平的企业数据，结果如

表4-8 所示，除变量列之外，从左到右的四列分别表示老工业基地城市内工业企业的职工平均工资、企业利润总额、企业税负总额和对企业投资的总额。可以发现，企业投资总额在1%的水平下显著为正，说明政策确实给企业发展带来了大量的投资。此外，企业税负总额在1%的水平下显著为负，说明政策实施期间，企业的税负也明显下降。这两项均是东北振兴区域政策的直接政策机制，达到了预期的效果，也实现了政策目的。

表4-8 生产性投入机制评价结果

变量	awage	pro	tax	inv_e
treat × t	-2.020***	-3.691**	-2.031***	-18.016***
	(0.750)	(1.506)	(0.757)	(6.930)
hcap	0.014**	0.018	0.011*	0.128*
	(0.007)	(0.015)	(0.006)	(0.070)
snd	-0.040	28.007**	4.086	22.960
	(8.041)	(12.027)	(5.405)	(61.551)
trd	7.903	23.058	10.696	94.057
	(7.643)	(15.589)	(7.594)	(79.336)
inv	-3.827**	-3.669	-3.166**	71.499***
	(1.632)	(3.364)	(1.396)	(11.795)
inf	0.419	0.081	0.036	0.667
	(4.611)	(3.918)	(1.822)	(16.864)
Constant	6.387	3.026	6.766	65.574
	(6.233)	(8.928)	(4.442)	(50.692)
控制变量	已控制	已控制	已控制	已控制
城市固定效应	已控制	已控制	已控制	已控制
年份固定效应	已控制	已控制	已控制	已控制

续表

变量	*awage*	*pro*	*tax*	*inv_e*
样本量	1386	1386	1386	1386
城市数	95	95	95	95

注：括号内数据根据地级市聚类的稳健标准误计算。***p<0.01，**p<0.05，*p<0.1。

但是企业利润水平和平均工资均明显为负。利润水平是企业经营状况的直接反馈，平均工资水平可以反映企业整体的发展状况和发展潜力。结果表明，在政策的影响下，企业的经营状况反而恶化，说明在投资向产出转化的环节出现了问题，导致最终的政策结果与目的不一致。区域政策减轻了企业税负和债务压力，使得企业有更多的资源扩大生产。但是，投资缺乏针对性的使用和长期规划，更多地用于维持企业发展而非塑造企业长远发展的潜力，没有实现从"输血"到"造血"的转换，最终造成对企业盈利能力的改善效果有限，预期的政策目标没有实现。

这也从侧面印证了东北振兴的一系列区域导向型政策更多的是以降税为主要手段对企业进行生产性补贴，对于改善企业的经营现状和经营能力作用有限，还会通过挤出效应影响企业的正常经营，如对员工的薪酬水平产生消极影响，造成劳动力流失。

我们以"振兴东北地区等老工业基地"政策为例分析其中有效和失效的政策机制，可以为我们研究政府干预主导型区域政策对地区经济的影响提供新的视角。在政策持续期间，政府能够直接调控、施加影响的政策工具往往能发挥效用，如招商引资、吸引外资进入、对企业提供补贴等,但是这些政策工具却不能进一步发挥作用,如将引入的资本转化为产出、提升企业的核心竞争力和盈利能力等。结合已有的研究文献和政策文件,我们可以发现东北地区老工业城市的政府更愿意采用对企业直接补贴的形式来分配政策带来的投资,主要目的是保证企业的持续经营。换句话说,政府更愿意采用维持现状的"补贴性"政策,而非培育地方发展潜力的"开发性"政策。显然,仅有补贴性政策并不足以支持老工业城市的长期发展,反而会产生挤出效应,迟滞老工业城市基础设施、教育、公共服务等方面的发展。在"政绩GDP"的考评体系之下,全国的基础设施和公共服务水平都得到了极大的改善和提升(张军等,2007)。东北地区老工业城市在教育、卫生医疗、城市设施等公共服务领域积累的优势逐渐被抹平,而早期区域政策对这些领域投入缺乏足够的重视,进一步加速了这一进程,导致东北地区整体发展条件受到抑制,最终遏制了地区经济持续发展。

第五节　小结

本章的实证结果表明,以"振兴东北地区等老工业基地"政策为代表的一系列政府干预主导型区域政策对经济发展存在遏制作用,陷入了"政策陷阱"(刘瑞明等,2015)。在进一步分析了区域政策的作用机制之后发现,一方面,政府干预主导型的区域政策对于能够直接调控的资源具有直接、快速的影响，如吸引投资、为企业提供补贴、降低赋税等，但是这些机制的影响难以深入发挥效用；另一方面，政府干预主导型的区域政策往往会偏重某一方面，造成挤出效应，破坏地区各类要素的均衡发展。因此，政府干预主导型的区域政策虽然可以带来短期的增长，但是由于部分政策机制的影响难以涉及地区经济增长更深入的环节，无法保证经济的稳定持续增长，同时在政策工具不能直接控制的领域，政策机制失效的现象也较为明显，所以，当政策支持力度减弱或者宏观基础设施发生较大变化时，容易出现较大程度的经济滑坡。

根据本书的实证分析，我们认为，在政府干预力量较强的地区，短期内转换区域政策类型并不现实，因此需要地方政府在制定区域政策的过程中扬长避短，着眼于对地区经济发展潜力的培育而不是直观的经济指标，以提质增效为政策的核心目的，充分发挥政策红利。具体来说，可以采取以下措施。

第一，提升城市质量。随着中国区域经济发展进入新时代，城市在区域经济发展中的支撑作用越发显著，土地城市化、人口城市化和产业城市化的良性互促发展可以为区域经济增长提供源源不竭的动力。因此，地方政府应该利用在资源调集分配中的话语权，通过区域政策的引导，改善区域发展条件，对公共服务机构和设施进行改造升级，提升居民生活质量，集聚具有优势的教育文化、卫生医疗资源，提升城市对人才、企业的吸引力，增强区域发展潜力。

第二，优化产业结构。本章的实证结果表明，政府干预主导型区域政策对地区的企业和行业的影响力度较大。政府可以充分利用区域政策的调节作用，针对地区主导产业的发展，设计符合区域发展的长期规划，逐步淘汰落后的产业，强化工业基础能力和创新能力，集中优势资源在重点领域实现突破发展，提升整个行业乃至地区的综合技术水平，提升企业的综合竞争力。

第三，完善区域政策的微观体系。为了保证区域政策能够长效实施，政府需要构建系统、柔性的政策体系，以确保区域政策提供的优惠措施能够达到预期的效果。已有的研究充分证明，针对区域政策补充出台的指导意见和实施方针可以有效地提升政策实施的效果。因此，地方政府在制定区域政策后，还需要对政策体系的构建、实施、反馈和调整进行跟进。

第四，转换政策实施重点。现阶段，政府干预主导型区域政策主要作用的地区大多处于经济发展的瓶颈期，这一类政策往往过度关注地区经济发展指标的即刻改善，对于短期目标的追求往往导向"欲速则不达"的困境，无益于解决地区发展面临的困难。然而，在现行的官员激励制度和任用制度下，区域政策的长效机制并不被重视。因此，政府需要转换思路，明确区域政策的实施是一个长期过程，以区域发展条件的改善为第一要务，正视并接受问题区域一段时期的经济低速增长甚至是负增长的现实。

第 五 章

政府自发合作型区域政策与经济增长

——基于长三角扩容的分析

区域政策存在"自上而下"和"自下而上"两种类型。"自上而下"型区域政策由中央政府制定,相关地方政府作为参与主体进行响应,地方政府之间通常存在竞争关系。然而,过度强调区域间的竞争,会阻碍资源在区域间的自由配置和合理流动,抑制长期的经济增长。在区域竞争过热的背景下,地方政府可能会"自下而上"地制定区域政策,自发地通过一系列协调机制形成合作联盟,主动谋求更大的发展空间。

政府自发合作型区域政策集中于经济发展水平和市场化程度较高的地区,长三角地区作为中国经济发展水平较高、市场化发育程度较高且较具活力的地区之一,具有较强国际竞争力的世界级城市群——长三角城市群,已经形成涵盖省、市、部门间等多层次的协调平台与协调机制，包括主要领导座谈会、市长联席会、经济协调会乃至主要部门的联席会议等，为研究政府自发合作型区域政策提供了典型样本。

长三角各城市的地方政府之所以自发形成合作联盟，是因为其存在先天和后天两重优势条件。先天条件方面，长三角城市群中的城市处在相对集中的空间，地理位置上彼此相邻或相近；各城市在产业链中具有密切的分工与合作关系，经济上相互依存、联系紧密。后天条件方面，长三角城市群通过一系列政策试验和创新，积极探索出了有效的协调和治理方式。通过设立经济协调会、举办市长联席会等形式，长三角地区实现跨区域治理，相对有效地消除了地方保护主义，破除了"行政区经济"的樊篱。以上双重优势条件共同为城市群内部各城市之间的协同发展以及区域合作的开展奠定了良好基础。

1992年，由上海等14个城市组成的长三角城市协作部门（经协委）主任联席会议开始举办，旨在推动长三角地区的协同发展与区域合作。这是长三角城市群的初级形态。1997年，原有的14个城市和泰州市共同组建了长江三角洲城市经济协调会，并于2003年吸纳台州市作为其正式成员。至此，长三角城市群的基本形态已经形成。

随着长三角区域协同发展程度不断提升，不仅长三角城市群内部的合作不断提升与深化，城市群内外城市之间的联系也日益密切。2010年，长三角城市群吸纳了合肥、盐城、马鞍山、金华、淮安、衢州6个城市成为其成员。2013年，长三角城市群进一步扩容，吸纳芜湖、连云港、徐州、滁州、淮南、丽水、宿迁、温州成为其成员。

至此，长三角城市群内部总计达到30个城市。

长三角城市群的接连扩容，反映了长三角城市群发展的良好态势，以及城市群内部城市对于外围城市具有较强的发展带动作用，能够充分调动和发挥各城市的资源禀赋优势，在更大范围内实现资源的充分流通和有效利用，从而促进长三角各城市的经济增长。

为了探究政府自发合作型区域政策是否能够促进城市的经济增长，本章选择2013年长三角扩容作为政策冲击，利用2010—2016年地级市面板数据，运用双重差分、匹配双重差分的方法，估计了入选长三角城市群名单对于新进入城市经济增长的影响。

◇ 第一节 理论分析

区域合作一般是通过细化分工、加强协作来获得各区域共同发展与繁荣。依据区域的空间尺度，区域合作又可以分为国内、国际两个层次，在国家内部的区域合作又可分为中央政府主导和地方政府自发两种类型。在国家内部，两个或多个地方政府为了实现共同的目标，可能在经济、社会等公共治理领域开展短期或长期合作（Xu and Yeh，2013；黄伦涛，2012）。其原因是，地方政府具有一定程度上相同的目标，例如促进当地经济发展以谋求晋升（周黎安，2007）。虽然地方政府间存在激烈的竞争关系（周黎安，2004），但是通过增进互动、交流、合作，可以降低彼此的交易成本（郭斌，2015），突破零和博弈的限制，实现双赢。

对于地方政府的自发合作，现有文献从"府际治理"的角度给出了解释，认为地方政府除了处理与中央政府的纵向关系外，也会经营与同级政府间的横向关系（Agranoff and Mcguire，2004；张明军、汪伟全，2007）。而且，在分权化的背景下，地方政府对于当地的发展具有更强的影响（宋妍等，2020）。在处理好地方政府间权责关系（张怡、李维娜，2016）、达成"府际信任"（刘祖云，2007）的情况下，地方政府之间完全有能力、有动机达成合作关系。地方政府间的合作通常体现为通过横向交流、沟通协调解决现实发展中存在的矛盾冲突。然而，由于彼此的利益诉求存在较大差异，地方政府间是否存在较好的协调能力成为区域合作能否顺利、有效、高层次开展的重要因素（彭彦强，2013）。

长三角作为中国开展区域合作、实现协同发展的先行区和示范区，是良好的研究样本。现有文献将长三角作为研究对象，考察了区域自发合作型政策对经济增长的影响，得到了富有争议的结论。有研究对长三角扩容效应进行分析，认为长三角合作范围的扩大促进了经济的共同增长（刘乃全、吴友，2017）；但也有观点认为，长三角合作范围扩大后，对于经济规模变化来说呈现出显著的负边界效应，从而损害了经济集聚的趋势（吴俊、杨青，2015）。

本章试图从长三角地区的相关政策文件出发，分析城市进入长三角城市群名单对于其经济增长的影响。城市入选长三角城市群名单，意味着受到相应区域政策的影响。这种区域政策会促使新进入的城市和当前已经处于长三角城市群名单中的城市具有更加密切的经济联系，也会倒逼新进入的城市进行一系列的调整和改革，以满足长三角城市群的高质量发展目标。总体而言，对于城市经济增长的影响可能主要体现为基础设施建设、居民消费、对外开放和科技创新等方面。下面，本章将对相应可能的影响途径进行分析。

第一，入选长三角城市群名单，可能会提升城市的基础设施建设水平。2010年国务院批准实施的《长江三角洲地区区域规划》（以下简称《规划》）明确提出，要"推进跨区域重大基础设施一体化建设，提升交通、能源、水利、信息等基础设施的共建共享和互联互通水平"。基础设施的互联互通是实现区域合作的基本保障。长三角城市群自成立伊始，就致力于提升基础设施的互联互通水平。其中，交通干线密度、省际高速公路的贯通程度、主要城市间高速铁路联通程度不断提升，能源基础设施、水利基础设施、信息基础设施等建设水平在全国范围内处于领先地位。基础建设水平的提升，保障了城市群内部城市间协调的时效性，提升了城市群内部城市间人才交流、资金流通、商品贸易、材料运输等活动的便捷程度，从而保障了资源在城市群内部的有效配置，促进了各城市的经济增长。

第二，入选长三角城市群名单，可能会提升城市居民的消费水平。《规划》明确提出，要"推动长三角市场一体化"，"建立统一开放的人力资源、资本、技术等各类要素市场，实现生产要素跨区域合理流动和资源优化配置"。这种要素一体化涉及居民生活的大大小小各个方面，甚至包括"共同开发旅游市场，打造旅游整体品牌"，以及"全面开通鲜活农产品运输'绿色通道'"。城市进入长三角城市群名单后,需要或主动或被动地摒弃"一亩三分地"的思想,打通与周围城市在市场建设方面的合作,实现更大范围、更高层次的市场建设。这些举措会降低居民消费的成本和壁垒,促进一体化市场的形成和发展壮大,提升居民的消费水平。居民消费水平的提升,会激发更大的市场,从而促进城市的经济增长,形成良性循环。

第三,入选长三角城市群名单,可能会提升城市的对外开放程度。《规划》明确提出,要"全面融入世界经济体系,实现开放型经济的新跨越,打造服务亚太乃至全球的重要国际门户"。长三角具有承接南北、水陆便利、内外通达的地理位置优势,自古以来是中国对外开放的窗口和示范区。城市进入长三角城市群名单后,能够借助这方面的经验和便利,更多地吸引外资,参与国际竞争与合作。同时,由于其他城市已经具有较强的对外开放程度,新进入长三角城市群名单的城市与其他城市在产业链分工中开展合作时,将自然地提升对外联系的广度和深度,提高自身的对外开放程度,从而给城市的经济增长带来活力。

第四,入选长三角城市群名单,可能会提升城市的科技创新水平。《规划》明确提出,要"以关键领域和核心技术创新为突破口,增强自主创新能力,形成优势互补、资源共享、互利共赢的具有国际竞争力的区域创新体系,率先在全国建成创新型区域"。提升区域创新能力是长三角发展的重要目标之一。创新是典型的具有规模效应和溢出效应的行为,通过区域合作的方式开展创新活动,收获的效果通常超过单独区域的简单加总。城市由外围进入长三角城市群名单后，将有更多的机会与其他城市展开合作，共享高校、科研机构、企业等创新资源，创新人才有更多的机会在长三角内部城市间流动。而且，对产业创新而言，长三角在产业链条上有密切的合作，存在根据比较优势确定的上下游分工，能够进一步提升长三角内部的创新水平。创新水平的提升，有助于在微观上保证企业在日益激烈的市场竞争中立于不败之地，在宏观上推动经济持续增长。

综上，本章认为，入选长三角城市群名单对于城市经济增长存在促进作用，具体体现为区域合作背景下的基础建设水平提升、居民消费水平提升、对外开放程度提升和科技创新水平提升等。

第二节　识别策略、变量和数据

一　识别策略与方法

本章核心关注的是城市进入长三角城市群名单对其经济增长的影响，直接的方法是根据双重差分的思路对如下方程（5-1）进行估计。

$$Y_{rt} = \alpha_0 + \beta_1 \, treat_r \times post_t + treat_r + post_t + \alpha X_{rt} + \varepsilon_{rt} \quad (5-1)$$

式（5-1）中，Y_{rt}是核心被解释变量，衡量城市经济发展情况；t和r分别代表时间和城市；$treat_r \times post_t$为核心解释变量，城市入选长三角城市群名单后取1,未入选的城市或尚未达到入选年份时取0; $treat_r$ 为城市的水平项,长三角扩容（2013年）后新加入的城市取1, 其余城市取0; $post_t$ 为时间的水平项,在长三角扩容之后取1,之前取 0; X_{rt} 为控制变量,其具体设置参见后文; ε_{rt} 为随机扰动项。

为了更全面地控制城市和年份的特征,避免由于处理组和控制组内部存在较大差异而对估计结果造成影响,本章参考相关研究文献,将双重差分模型拓展为如下双向固定效应模型。

$$Y_{rt} = \alpha_0 + \beta_1 treat_r \times post_t + \mu_r + \delta_t + \alpha X_{rt} + \varepsilon_{rt} \quad (5-2)$$

式（5-2）中, μ_r 和 δ_t 分别为城市固定效应和时间固定效应;其余变量的含义与式（5-1）中相同。① 因此,如果处理组和控制组具有潜在的相同变动趋势,则估计系数 β_1 代表城市进入长三角城市群名单对其经济增长的影响。

二 变量选取与数据来源

本章利用的是2010—2016年地级市面板数据。由于本章核心关注的问题是城市入选长三角城市群名单对于经济增长的影响,因此核心的被解释变量设定为城市的GDP,并参考相关文献进行对数化处理。同时,书中所有涉及GDP的变量均进行了价格平减处理。

本章的核心解释变量是城市是否在2013年进入长三角城市群名

---

① 方程中控制了时间和地区的双向固定效应,因此也自然地控制住了处理前、处理后,以及处理组、控制组的差异,结果可以解读成双重差分的结果。

单（D_n）。具体而言，城市进入长三角城市群名单之后，D_n 设定为 1；对于未入选的城市和尚未达到入选的年份，D_n 设定为 0。另外，一些城市在 2013 年之前已经进入了长三角城市群名单，由于这些城市的进入年份参差不一，不同批次长三角城市群名单变动带来的政策冲击可能存在异质性，难以较为清晰、准确地确定处理组和控制组的构成。而且，本章核心关注的是进入长三角城市群名单这样一项政策冲击对于城市经济增长的影响，应当将关注集中于新进入的城市，因为只有这些城市在政策前后分别处于长三角城市群名单之外和被纳入长三角城市群名单两种截然不同的状态，将其作为处理组能够得到相对明确和直观的处理效应。因此，本章剔除了 2013 年之前已经进入长三角城市群名单中的城市样本。

控制变量包括一系列可能影响城市经济增长的变量，包括经济结构、人口密度、人口受教育程度、政府强度。本章的数据来源于国泰安数据库和《中国城市统计年鉴》。变量的描述性统计如表 5-1 所示。

表 5-1　　　　　　　　　　描述性统计

变量名	变量含义	样本数	平均值	标准差	最小值	最大值
lg_gdp	GDP 对数	1820	11.185	0.822	8.840	13.929
lg_gdp2	第二产业产值对数	1819	10.459	0.892	7.178	13.008
lg_gdp3	第三产业产值对数	1819	10.308	0.922	7.463	13.563
lg_gdp_per	人均 GDP 对数	1817	5.347	0.666	3.540	7.973
lg_gdp_sec	第二产业人均 GDP 对数	1817	9.224	0.771	6.763	11.716
lg_gdp_thd	第三产业人均 GDP 对数	1815	8.930	0.750	7.318	12.068

续表

变量名	变量含义	样本数	平均值	标准差	最小值	最大值
ecostru	经济结构（第二产业与第三产业产值占比）	1818	1.471	0.698	0.243	9.196
den	人口密度（总人口/土地面积）对数	1816	-3.543	0.917	-7.591	-1.329
edu	人口受教育程度（高校在校生占总人口百分比）	1790	1.653	2.343	0.000	13.112
gov	政府强度（财政预算内支出/GDP）	1819	0.175	0.104	0.011	1.266
lnasset	固定资产投资额对数	1817	10.883	0.805	7.678	13.079
lg_TSRSG	社会消费品零售总额对数	1818	15.234	0.998	5.472	18.28
openly	对外开放程度（实际利用外资金额/GDP）	1580	1.030	1.287	0.000	12.494
l_lg_pata	专利申请量对数	1799	6.717	1.517	0.000	11.449
l_lg_patg	专利授予量对数	1781	6.406	1.557	0.000	11.414
l_lg_inva	发明专利申请量对数	1797	5.368	1.610	0.000	10.501
l_lg_uma	实用新型专利申请量对数	1797	5.945	1.517	0.000	10.492
l_lg_dema	外观专利申请量对数	1784	4.993	1.645	0.000	9.974

资料来源：笔者根据网络公开资料整理。

第三节 基础回归结果

本章首先估计了进入长三角城市群名单对城市 GDP 的影响，估计结果如表 5-2 的第（1）、（2）列所示。其中，第（1）列报告的是在仅控制城市和年份双重固定效应的情况下进入长三角城市群名单对于城市 GDP 的影响，估计系数为 0.055，在 1% 的统计水平上显著；

第（2）列报告了在控制城市和年份双重固定效应的基础上，进一步加入可能影响城市经济增长的一系列控制变量后的估计结果，估计系数略有减小，为 0.050，仍然在 1% 的统计水平上保持显著。估计结果说明，进入长三角城市群名单能够显著推动城市经济增长，即政府自发合作型区域政策对于经济增长有促进作用。

表 5-2　　　　　　　　　　双重差分估计结果

变量	(1) GDP 对数 lg_gdp	(2) GDP 对数 lg_gdp	(3) 第二产业产值对数 lg_gdp2	(4) 第二产业产值对数 lg_gdp2	(5) 第三产业产值对数 lg_gdp3	(6) 第三产业产值对数 lg_gdp3
$treat_r \times post_t$	0.055***	0.050***	0.071***	0.060***	0.021	0.025
	(0.017)	(0.016)	(0.026)	(0.021)	(0.021)	(0.021)
ecostru		0.149***		0.265***		-0.066***
		(0.015)		(0.030)		(0.009)
den		0.040		0.022		-0.031
		(0.085)		(0.108)		(0.046)
edu		0.010***		0.010**		0.003
		(0.003)		(0.004)		(0.003)
gov		-0.303***		-0.465***		-0.218***
		(0.078)		(0.094)		(0.083)
常数项	11.184***	11.154***	10.458***	10.222***	10.307***	10.340***
	(0.002)	(0.304)	(0.004)	(0.393)	(0.002)	(0.168)
城市固定效应	已控制	已控制	已控制	已控制	已控制	已控制
年份固定效应	已控制	已控制	已控制	已控制	已控制	已控制
样本数	1820	1786	1819	1785	1819	1785
R^2_adjusted	0.987	0.991	0.966	0.976	0.990	0.990

注：括号内为稳健标准误；*** $p<0.01$，** $p<0.05$，* $p<0.1$。

这可能是因为，进入长三角城市群名单后，在区域一体化和高质量发展的目标驱动下，城市的基础设施建设、对外开放程度、科技创新等方面的水平得到提升，而这些方面的改善主要影响的是城市第二产业，而非第三产业。因此，本章将被解释变量替换为第二产业产值和第三产业产值进行估计，如第（3）列至第（6）列所示。估计结果显示，进入长三角城市群名单对于城市第二产业的发展有显著促进作用，对于第三产业的影响不显著。这一结果支持了本章的核心假说，验证了基础估计结果的稳健性。

◇ 第四节 稳健性检验

一 平行趋势检验

为进一步验证双重差分研究设计的有效性，本章首先对平行趋势进行检验。借鉴事件研究的方法，本章将基础模型中城市进入长三角城市群名单的虚拟变量替换为代表城市进入长三角城市群名单第几年的虚拟变量，将回归方程改为方程（5-3）的形式，其中 B_k 代表进入长三角城市群名单的前 k 年，A_k 代表进入长三角城市群名单后的第 k 年，其余变量含义与基础回归相同。这样，B_k 和 A_k 的估计系数则体现了进入长三角城市群名单的动态效应。

$$Y_{rt} = \alpha_0 + \sum_{k=1}^{3} \beta_k B_k + \sum_{k=0}^{3} \beta'_k A_k + \alpha X_{rt} + \delta_t + \mu_r + \varepsilon_{rt}$$

$$(5-3)$$

本书的样本区间为 2010—2016 年，长三角扩容发生在 2013 年，为避免完全共线性，我们删除政策冲击前一年（2012 年）的样本，将其视作基准组。

平行趋势检验的结果如图 5-1 所示，置信区间为 95%。其中，由上至下依次报告的是被解释变量分别为 GDP 对数、第二产业产值对数、第三产业产值对数的估计结果。结果表明，当被解释变量为 GDP 对数时，事前虚拟变量的估计系数不显著，在城市入选长三角城市群名单后的第二年开始，估计系数均显著为正；当被解释变量为第二产业产值对数时，与 GDP 对数的结果类似；当被解释变量为第三产业产值对数时，事前虚拟变量的估计系数基本均不显著，政策效应从入选长三角城市群名单的第三年才开始变得明显。政策效应的显现存在一定滞后的原因可能是，城市成为长三角城市经济协调会的成员后，虽然可以获得更多优惠性政策，但从进入名单到制定并发布优惠政策，再到企业或个人等微观主体根据优惠政策做出相应的调整和改变，存在时间上的滞后，因此，两年之后政策效应才得以显现。综上，平行趋势检验的结果与预期一致，增强了对于满足平行趋势假设的信心，说明基础回归的结果稳健。

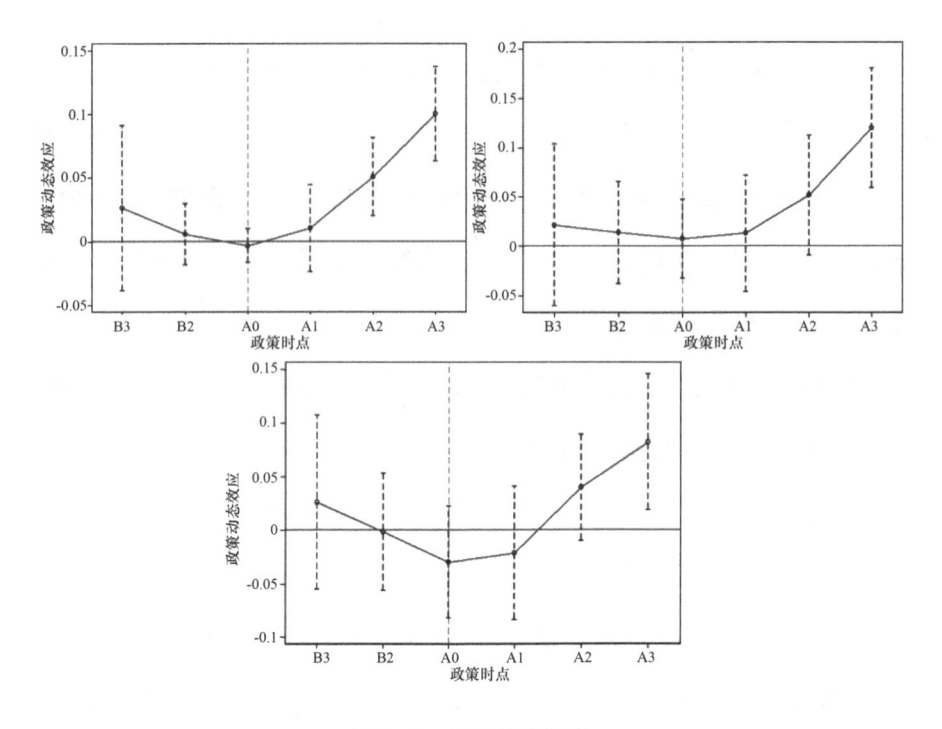

图 5-1 平行趋势检验

资料来源：笔者绘制。

二 匹配双重差分估计结果

基础估计结果可能存在的问题是，决定一个城市能否被纳入长三角城市群名单，可能会考虑城市的经济发展模式与水平是否满足进入要求，并且现有长三角城市群名单中城市发展模式与水平更加相近或是互补的城市更有可能被吸纳进来，从而影响处理组和控制组的可比性。为了增加处理组和控制组的可比性，本章进一步采取匹配双重差分方法进行估计。具体而言，根据是否在 2013 年进入长三角城市群名单，我们将城市分为两组，其中新进入城市为处理组（$treat_i$ 等于

1),未进入城市为控制组(treat,等于0),利用 logit 模型对式5-4进行估计,得到城市进入长三角城市群名单的概率 P_c 之后,以其作为倾向得分,其中 X_c 包括代表经济发展模式和水平的经济结构、人口密度、人口受教育程度、政府强度。进一步地,依据得到的倾向得分,利用最近邻匹配法,为进入名单的城市匹配控制组,最后利用匹配得到的样本,重新对式5-2进行估计。

$$P_c = P_r\{L_c = 1 \mid X_c\} = \emptyset(X'_c\beta) \quad (5-4)$$

利用匹配后的样本进行双重差分的结果如表5-3所示。其中,第(1)、(3)、(5)列报告了只控制城市和年份双向固定效应的估计结果,第(2)、(4)、(6)列报告了在控制城市和年份双向固定效应的基础上进一步加入控制变量的估计结果。无论是否加入一系列控制变量,城市 GDP 和第二产业产值的估计系数均正向显著,而第三产业产值的估计系数不显著。利用匹配后的样本估计结果与基础回归结果一致,说明政府自发合作型区域政策对于城市的经济增长具有促进作用,进一步验证了基础回归结果的稳健性。

表5-3 匹配双重差分估计结果

变量	(1) GDP 对数 lg_gdp	(2) GDP 对数 lg_gdp	(3) 第二产业产值对数 lg_gdp2	(4) 第二产业产值对数 lg_gdp2	(5) 第三产业产值对数 lg_gdp3	(6) 第三产业产值对数 lg_gdp3
$treat_r \times post_t$	0.045*** (0.017)	0.048*** (0.016)	0.048* (0.026)	0.048** (0.022)	0.028 (0.022)	0.028 (0.021)

续表

变量	(1) GDP 对数 *lg_gdp*	(2) GDP 对数 *lg_gdp*	(3) 第二产业产值对数 *lg_gdp2*	(4) 第二产业产值对数 *lg_gdp2*	(5) 第三产业产值对数 *lg_gdp3*	(6) 第三产业产值对数 *lg_gdp3*
ecostru		0.190 ***		0.407 ***		-0.089 ***
		(0.019)		(0.030)		(0.023)
den		0.310 ***		0.239		0.150
		(0.116)		(0.195)		(0.128)
edu		0.006		0.003		0.000
		(0.004)		(0.005)		(0.004)
gov		-0.235 ***		-0.352 ***		-0.187 *
		(0.081)		(0.082)		(0.105)
常数项	11.291 ***	12.054 ***	10.571 ***	10.818 ***	10.424 ***	11.066 ***
	(0.002)	(0.378)	(0.004)	(0.641)	(0.003)	(0.425)
城市固定效应	已控制	已控制	已控制	已控制	已控制	已控制
年份固定效应	已控制	已控制	已控制	已控制	已控制	已控制
样本数	1413	1413	1412	1412	1412	1412
R^2_adjusted	0.988	0.991	0.991	0.970	0.980	0.976

注：括号内为稳健标准误。*** $p<0.01$，** $p<0.05$，* $p<0.1$。

◈◈ 第五节 机制分析

一 固定资产投资

根据前文理论分析，城市入选长三角城市群名单，会提升基础设施建设程度，那么，对于固定资产投资应当有一个明显的提升。为了识别这一影响机制,本章将被解释变量替换为固定资产投资额对数,对基础模型(式5-2)重新估计,结果如表5-4所示。第(1)、(2)列报告了双重差分方法得到的估计结果,第(3)、(4)列报告了匹配双重差分方法得到的估计结果。结果表明,无论是否加入控制变量,入选长三角城市群名单对于城市固定资产投资均存在显著的促进作用,即促进了基础设施建设水平的提升。这一结果证实了理论部分的分析。

表5-4　　　　　　　　　固定资产投资估计结果

变量	(1) 双重差分 lnasset	(2) 双重差分 lnasset	(3) 匹配双重差分 lnasset	(4) 匹配双重差分 lnasset
$treat_r \times post_t$	0.092***	0.081**	0.071**	0.073*
	(0.034)	(0.036)	(0.035)	(0.040)
ecostru		0.159***		0.246***
		(0.033)		(0.050)
den		0.094		0.642**
		(0.172)		(0.283)
edu		-0.001		-0.005
		(0.007)		(0.008)
gov		-0.366**		-0.144
		(0.167)		(0.172)
常数项	10.881***	11.054***	10.991***	12.754***
	(0.006)	(0.618)	(0.006)	(0.919)
城市固定效应	已控制	已控制	已控制	已控制
年份固定效应	已控制	已控制	已控制	已控制
样本数	1817	1783	1410	1410
R^2_adjusted	0.915	0.919	0.908	0.913

注:括号内为稳健标准误。***p<0.01,**p<0.05,*p<0.1。

二 社会销售品零售总额

根据理论分析，城市入选长三角城市群名单会促进消费市场的繁荣，提高居民收入水平，提升当地居民的物质生活水平，那么，对于社会消费品零售总额应当有一个明显的提升。因此，本章将被解释变量替换为社会消费品零售总额对数，对基础模型（式5-2）重新估计，结果如表5-5所示。第（1）、（2）列报告了双重差分的估计结果，第（3）、（4）列报告了匹配双重差分的估计结果。估计结果表明，无论是否加入控制变量，入选长三角城市群名单对于城市社会消费品零售总额均存在显著的促进作用，即促进了市场一体化建设水平。市场一体化建设水平的提高，将引致更大的需求，需要生产制造企业相应地扩大规模、增加产量，这也将拉动当地经济增长。

表5-5 社会消费品零售总额估计结果

变量	(1) 双重差分 lg_TSRSG	(2) 双重差分 lg_TSRSG	(3) 匹配双重差分 lg_TSRSG	(4) 匹配双重差分 lg_TSRSG
$treat_r \times post_t$	0.066***	0.053***	0.048**	0.040**
	(0.021)	(0.019)	(0.019)	(0.019)
ecostru		0.024***		0.044***
		(0.007)		(0.017)
den		-0.095		-0.547***
		(0.066)		(0.209)

续表

变量	(1) 双重差分 lg_TSRSG	(2) 双重差分 lg_TSRSG	(3) 匹配双重差分 lg_TSRSG	(4) 匹配双重差分 lg_TSRSG
edu		-0.003		-0.006
		(0.003)		(0.004)
gov		-0.100**		-0.114
		(0.051)		(0.071)
常数项	15.233***	14.903***	15.396***	13.587***
	(0.006)	(0.236)	(0.004)	(0.687)
城市固定效应	已控制	已控制	已控制	已控制
年份固定效应	已控制	已控制	已控制	已控制
样本数	1818	1784	1411	1411
R^2_adjusted	0.933	0.977	0.969	0.969

注：括号内为稳健标准误。*** $p<0.01$，** $p<0.05$，* $p<0.1$。

三 对外开放程度

根据理论分析，城市入选长三角城市群名单对于对外开放程度应当有明显的提升。因此，本章将被解释变量替换为对外开放程度，对基础模型（式5-2）重新估计，结果如表5-6所示。第（1）、(2)列报告了双重差分的估计结果，第（3）、(4)列报告了匹配双重差分的估计结果。估计结果说明，无论是否加入控制变量，入选长三角城市群名单对于城市对外开放程度均存在显著的促进作用。这可能是因为，城市进入长三角城市群名单后，和其他对外开放程度更高的城市合作更加频繁密切，也将提升自身的对外开放程度，从而拉动自身经济增长。

表 5-6　　　　　　　　　对外开放程度估计结果

变量	(1) 双重差分 openly	(2) 双重差分 openly	(3) 匹配双重差分 openly	(4) 匹配双重差分 openly
$treat_r \times post_t$	0.208*	0.207*	0.225**	0.225**
	(0.108)	(0.109)	(0.110)	(0.110)
ecostru		0.035		0.033
		(0.082)		(0.119)
den		-0.521**		0.670
		(0.215)		(0.584)
edu		-0.006		-0.023
		(0.028)		(0.037)
gov		0.541		0.633
		(0.439)		(0.513)
常数项	1.030***	-0.855	1.123***	3.164*
	(0.015)	(0.769)	(0.018)	(1.907)
城市固定效应	已控制	已控制	已控制	已控制
年份固定效应	已控制	已控制	已控制	已控制
样本数	1572	1554	1308	1308
R^2_adjusted	0.785	0.785	0.778	0.778

注：括号内为稳健标准误。*** $p<0.01$，** $p<0.05$，* $p<0.1$。

四　技术创新

由理论分析可知，城市入选长三角城市群名单对于研发创新应当有明显的提升。因此，本章将被解释变量替换为专利数量，对基础模型（式 5-2）重新估计。考虑到专利申请和授予过程存在一定的时滞，本章将专利申请和授予数量均进行滞后一年的处理，结果如

表5-7所示。其中，Panel A 报告了专利总数的估计结果，第（1）、（2）列被解释变量为专利申请总量，第（3）、（4）列被解释变量为专利授予总量。无论是双重差分还是匹配双重差分方法的估计结果均显示，入选长三角城市群名单对于城市专利申请和授予总数均存在显著的促进作用。结果说明，城市入选长三角城市群名单后，通过区域合作，能够有效提升科技创新水平。

进一步分析发现，专利中存在显著的异质性。Panel B 考察了不同专利类型估计结果的差异。其中，难度最大的发明专利申请量受到的促进作用最为显著；难度次之的实用新型专利也有了显著的增加，但所受影响不及发明专利；含金量相对较小的外观设计专利未受到显著影响。估计结果说明，入选长三角城市群名单对于城市创新的影响主要集中于能够在更大程度上转化为生产力的发明专利和实用新型专利。

表5-7　　　　　　　　　专利数量估计结果

Panel A 专利总数

变量	(1) 专利申请量 双重差分	(2) 专利申请量 匹配双重差分	(3) 专利授予量 双重差分	(4) 专利授予量 匹配双重差分
$treat_r \times post_t$	0.266***	0.293***	0.346***	0.363***
	(0.079)	(0.080)	(0.085)	(0.087)
$ecostru$	0.116***	0.257***	0.062	0.201***
	(0.040)	(0.043)	(0.049)	(0.046)
den	0.331**	0.452	0.122	0.157
	(0.136)	(0.277)	(0.097)	(0.323)

续表

变量	(1) 专利申请量 双重差分	(2) 专利申请量 匹配双重差分	(3) 专利授予量 双重差分	(4) 专利授予量 匹配双重差分
edu	0.012	0.009	0.000	-0.007
	(0.011)	(0.013)	(0.010)	(0.012)
gov	-0.491***	-0.333**	-0.477***	-0.503***
	(0.163)	(0.157)	(0.176)	(0.171)
常数项	7.799***	8.073***	6.835***	6.923***
	(0.489)	(0.901)	(0.371)	(1.055)
城市固定效应	已控制	已控制	已控制	已控制
年份固定效应	已控制	已控制	已控制	已控制
样本数	1765	1405	1748	1400
$R^2\_adjusted$	0.958	0.963	0.959	0.963

Panel B 专利申请种类异质性

变量	(1) 发明专利申请量 双重差分	(2) 发明专利申请量 匹配双重差分	(3) 实用新型专利申请量 双重差分	(4) 实用新型专利申请量 匹配双重差分	(5) 外观设计专利申请量 双重差分	(6) 外观设计专利申请量 匹配双重差分
$treat_r \times post_t$	0.373***	0.371***	0.249***	0.277***	-0.135	-0.074
	(0.122)	(0.123)	(0.075)	(0.076)	(0.185)	(0.178)
$ecostru$	0.113**	0.258***	0.087**	0.212***	0.153**	0.342***
	(0.051)	(0.062)	(0.038)	(0.043)	(0.069)	(0.077)
den	0.299**	-0.499	0.324**	0.465*	0.506	1.874***
	(0.123)	(0.469)	(0.138)	(0.277)	(0.313)	(0.552)
edu	-0.004	-0.006	0.007	-0.002	-0.006	0.006
	(0.011)	(0.014)	(0.008)	(0.010)	(0.025)	(0.030)
gov	-0.243	-0.228	-0.676***	-0.386*	-0.454	-0.436
	(0.180)	(0.181)	(0.243)	(0.210)	(0.311)	(0.329)

续表

变量	(1) 发明专利申请量 双重差分	(2) 发明专利申请量 匹配双重差分	(3) 实用新型专利申请量 双重差分	(4) 实用新型专利申请量 匹配双重差分	(5) 外观设计专利申请量 双重差分	(6) 外观设计专利申请量 匹配双重差分
常数项	6.319***	3.637**	7.082***	7.440***	6.659***	10.886***
	(0.453)	(1.537)	(0.500)	(0.900)	(1.113)	(1.802)
城市固定效应	已控制	已控制	已控制	已控制	已控制	已控制
年份固定效应	已控制	已控制	已控制	已控制	已控制	已控制
样本数	1763	1404	1764	1404	1751	1400
R^2_adjusted	0.937	0.939	0.962	0.963	0.870	0.894

注：括号内为稳健标准误。*** $p<0.01$，** $p<0.05$，* $p<0.1$。

第六节 小结

长三角地区作为中国经济发展水平较高、市场化发育程度较高且较具活力的地区之一，为研究政府自发合作型区域政策提供了典型样本。为了探究政府自发合作型区域政策是否能够促进城市的经济增长，本章首先从长三角地区的相关政策文件出发，从理论上分析城市进入长三角城市群名单对于其经济增长的影响。城市入选长三角城市群名单，对于城市经济增长存在促进作用，具体体现为区域合作背景下的基础建设水平提升、居民消费水平提升、对外开放程度提升和科技创新水平提升等方面。

在经验研究部分，本章选择2013年长三角扩容作为政策冲击，利用2010—2016年地级市面板数据，运用双重差分、匹配双重差分的方法，估计了入选长三角城市群名单对于新进入城市经济增长的影响。基础回归结果说明，进入长三角城市群名单能够显著推动城市经济增长，即政府自发合作型区域政策对于经济增长有促进作用。而且，进入长三角城市群名单对于受到基础设施建设、对外开放程度、科技创新等方面影响更明显的第二产业产值有显著促进作用，对于第三产业的影响不显著。这一结果经过一系列稳健性检验后保持稳健。

为了识别其影响机制，本章将被解释变量分别替换为固定资产投资额、社会消费品零售总额、对外开放程度以及专利数量，结果发现，入选长三角城市群名单对城市经济增长的促进作用是通过提升区域合作背景下的基础建设水平、居民消费水平、对外开放程度和科技创新水平实现的。这一结果也证实了理论部分的分析。

综上，本章证实了政府自发合作型区域政策确实能够促进当地经济增长，前提是保障资源自由流动和有效配置。

第六章

政府培育引导型区域政策与经济增长
——以创新型城市试点为例

培育引导型政策是区域导向型政策的一个典型类型。培育引导型政策不是直接增加区域的援助，而是通过培育区域发展的内生动力，改善区域发展的环境与机制，引导区域经济的高质量发展。改革开放以来，中国实施的区域导向型政策中，有大量的培育引导型政策，而且也有更多的政策带有培育引导的属性。例如，在中国经济实践中取得广泛成功的经济特区、开发区等政策就带有明显的培育引导属性，其通过改善制度安排、优化发展环境来提升经济效率，促进经济发展。

本章在地级市的空间尺度上，选取创新型城市试点这一典型的培育引导型政策，实证检验培育引导型政策对区域经济增长的影响及其作用机制。创新型城市试点是在国家建立创新型国家背景下出台的区域导向型政策。2006年，国务院印发《国家中长期科学和技术发展规划纲要（2006—2020年）》，其中明确将建设创新型国家作为发展战略。在国家的大力倡导下,各个城市纷纷响应,提出建设创新型城市的口号,并开始积极付诸实践。2008年,深圳市得到国家发展和改革委员会的正式批复,成为首个创新型城市试点城市。此后,中国在2010年、2011年、2012年、2013年和2018年对各个区域的地级市进行了创新型城市的试点改革。截至2018年,已有78个城市(区)入选国家创新型城市(区)试点,创新型城市的建设不断深入,试点范围不断扩大,试点机制不断完善,试点效果也日益凸显。

在国家开展建设创新型城市的同时,学界也涌现出大量的关注创新型城市的研究。这些研究主要集中在以下三个方面:第一类研究对创新型城市的概念、内涵和特征,以及国外研究进展和发展模式等进行了梳理和综述(代明、王颖贤,2009;胡钰,2007;黄亮、杜德斌,2014;杨冬梅等,2006);第二类研究的重点在于通过构建各种指标体系,从不同的角度评价各个城市的创新能力以及创新型城市的创新绩效(方创琳等,2014;惠宁等,2009;寇明婷等,2014;邹燕,2012);第三类主要聚焦于中国创新型城市建设的模式比较和经验总结(蒋玉涛、郑海涛,2013;李琳等,2011;王秋影等,2009;尤建新等,2011)。尽管上述研究非常丰富,但是现有研究还没有文献严谨地检验创新型城市试点对区域经济增长的影响,更鲜有研究从此试点切入,研究政府培育引导型区域政策的作用机制。

有鉴于此,本章利用2002—2016年的中国地级市面板数据,采用双重差分方法,实证检验了创新型城市试点如何影响区域经济增长,并进一步探究了其内在影响机制。结果表明,创新型城市试点改革确实有效地提升了区域经济增速,并且这种促进作用对于第二产业有更大的影响。进一步的机制分析表明,创新型城市可以依靠增加城市创新能力来促进城市经济增长。上述研究结论在经过多种稳健性检验后依然成立。

本章的安排如下:第一部分介绍政策背景并梳理了理论框架;第二部分介绍了本章的识别策略、变量和数据;第三部分报告了基本估计结果,并进行了一系列稳健性检验;第四部分分析了政策的影响机制;最后一部分是小结。

第一节 政策背景和理论梳理

一 政策背景

改革开放以来,中国经济实现了高速发展,然而,过去依靠要素驱动的经济发展方式具有不可持续性,因此,需要大力推进科学技术创新,将经济发展模式转变为创新驱动。2006年,中国出台《国家中长期科学和技术发展规划纲要(2006—2020年)》,提出"要把提高自主创新能力摆在全部科技工作的突出位置",到2020年进入创新型国家的行列。创新型城市是中国成为创新型国家空间上的支撑和政策落地的载体,对规划目标的实现具有重要的意义,所以,中国各大城市纷纷提出建设成为创新型城市的口号。在此背景下,国家创新型城市试点得以展开。

国家创新型城市由省、自治区或直辖市政府推荐，再由科学技术部或国家发展和改革委员会研究确定，最后批复开展试点工作。从2008年深圳得到国家发展和改革委员会的批复成为全国首个国家创新型城市试点起，科学技术部、国家发展和改革委员会先后批复了6批创新型城市。根据2016年科学技术部与国家发展和改革委员会共同印发的《建设创新型城市工作指引》，全国进入国家创新型城市试点的城市共有57个（包括石河子一个县级市），北京、上海、天津和重庆也各有一个区被纳入试点范围。2018年，科学技术部与国家发展和改革委员会又进一步确定了吉林市等17个城市为创新型城市，可见国家创新型城市建设得到了国家长期的支持，试点工作不断深入（见图6-1）。

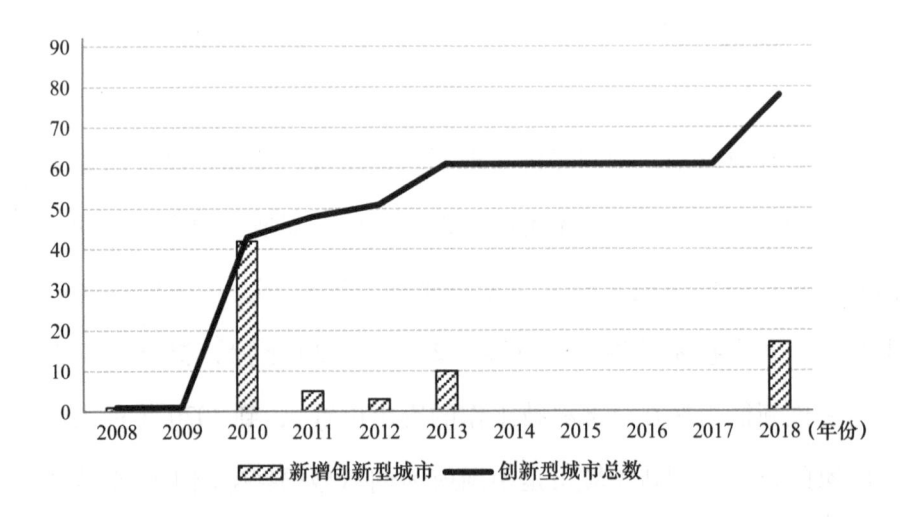

图6-1 国家创新型城市建设情况

资料来源：笔者整理。

城市入选国家创新型城市试点后,各级政府会对城市创新能力提升提供积极支持,培育良好的创新环境,推动创新型城市的建设。根据 2010 年《国家发展改革委关于推进国家创新型城市试点工作的通知》,各创新型城市要在统筹规划的前提下,加强创新体系建设、推进城市产业升级并优化创新环境。2016 年的《建设创新型城市工作指引》进一步明确了 10 个重点任务,其中在创新体系和要素投入方面包括创新人才的激励和创新投入的带动;在产业发展和集聚经济方面包括创新要素的集聚、创新企业的培育、创新成果的转化和创新载体的建设;在创新环境方面包括改革政策的落地、创新服务的完善、创新对社会民生的支撑和创新生态的营造。由此可见,创新型城市试点重点关注城市创新投入、创新产业集聚和创新环境优化等方面。各试点城市也积极落实上述方面,纷纷出台地方的创新型城市规划和实施方案,推进创新型城市的建设。

中央政府一方面对入选的创新型城市提供支持,另一方面也加强对试点城市的监测与考核。无论是 2010 年科学技术部印发的《关于进一步推进创新型城市试点工作的指导意见》还是 2016 年出台的《建设创新型城市工作指引》,都将监测评价纳入创新型城市试点建设与实施的重要环节,并制定了相应的评价指标体系。2017 年,中央部委组织了对于试点城市的总结考核,并采取第三方评估的方法对建设成果进行了评价。对于达标的试点城市,科学技术部与国家发展和改革委员会明确其进入创新型城市行列。可见,在创新型城市建设过程中,国家通过明确的考核评价,使地方政府有了"锦标赛"的压力，促使创新型政策能够被积极付诸实施。

二　理论机制

回顾创新型城市试点政策，我们可以发现其主要是通过培育创新能力、营造创新环境等手段提升城市的创新能力。同时，经济学理论高度强调了创新对于经济发展的促进作用。那么，创新型城市建设对于经济增长的影响机制存在一条清晰的途径，即政策优化了城市的创新环境，提升了城市的创新能力，而城市创新能力的提升会内生促进城市经济的增长。

(一) 创新型城市政策对城市创新的促进作用

创新型城市试点引导资源向创新活动倾斜。创新活动需要充分配置知识、资金、人力和基础设施等诸多资源，因此，创新投入对于城市的创新能力有着至关重要的影响。无论是以市场为导向的美国，还是政府发挥重要作用的中国，政府均在技术创新领域投入了大量的资金和人力（肖文、林高榜，2014）。国内外的研究表明，政府的投入对于战略性新兴产业的创新起到了积极作用，并且产生了显著的外溢效应（陆国庆等，2014；Guellec and Van Pottelsberghe De La Potterie，2003）。政府的研发投入对于创新的作用不仅仅在于一般意义上的为发明创造提供资金上的支撑，更重要的是由于创新一般具有很大的不确定性，投资风险较大，因此，私人资本的投资意愿较低，政府投入可以弥补这一不足（Czarnitzki and Licht, 2010）。类似地，风险投资、天使投资等创投资金也可以弥补创新初期资金的不足（Armanios et al., 2017），对于新创企业的创新具有重要作用。

除了资本的投入，创新型城市试点也引导城市将人力资本配置到创新领域。研发人员的人力资本是创新活动的重要资源，有研究发现，高素质移民的增加提升了区域的创新能力（Kerr et al., 2017）。在创新的人力资本投入方面，大学等科研机构的影响非常关键。有研究表明，大学中研究人员的增加对于当地专利数量的增加具有促进作用（Andersson et al., 2009），其原因不仅在于大学为创新提供了直接的人才支撑，而且在于大学的科研人员可以对企业的商业研究产生知识溢出（Ratchukool and Igel, 2018）。例如，斯坦福大学和麻省理工学院的研发人员对硅谷和波士顿成为创新中心发挥了重要作用（Nicholas and Lee, 2013）。最后，创新投入对于创新活动的促进作用还体现在要素投入过程中发挥的协同作用。研究表明，政府资助、高校和科研机构以及企业的协同会显著提升区域的创新绩效（白俊红、蒋伏心，2015）。

创新型城市试点还优化了城市的创新环境。创新环境是区域创新体系的重要组成部分，人文、经济、制度等环境因素对创新能力有重要影响（郑成华等，2017）。良好的行政环境可以降低创新的交易成本，提升创新效率（鲁桐、党印，2015）。已有研究发现，法律环境对于投资者保护至关重要（Acharya et al., 2013; Brown et al., 2013）。鲁桐和党印（2015）利用195个国家数据的实证研究表明，法律环境越好,越能激发投资者的创新投入,进而促进创新。作为简政放权的典型代表,行政审批中心的建立可以降低企业的制度性交易成本,提升企业的创新能力(王永进、冯笑,2018)。另外,开放环境也会影响区域的创新能力,但是其影响存在很大异质性,会因为区域位置、创新类型或者影响途径而产生区别(李晓钟、张小蒂,2008;王鹏、张剑波,2013)。除了上述制度和产业等的软环境外,城市建设和基础设施等硬件环境也是城市影响创新的环境因素。Florida 认为创新阶层更倾向于集聚在环境较好的城市中,因此,良好的城市环境会促进创新。蔡晓慧和茹玉骢(2016)的研究表明,基础设施投资短期内虽然会通过金融传导,挤出企业的研发投入,但是在长期会通过扩大产品市场的机制提高企业的研发投入。

(二) 创新对于经济增长的促进作用

创新对经济增长起到重要作用。Schumpeter（1912）率先指出创新为经济发展的动力源泉,而后大量的研究者对创新的原因和结果进行了探索。无论是新古典学派还是新熊彼特学派,他们都认为创新对于经济增长非常重要（Fagerberg et al., 2005）。现有理论研究从外生技术进步（Solow, 1956）、人力资本积累（Lucas, 1988）、R&D 和创新（Romer et al., 2010）等多角度论证了创新对于经济增长的影响,并取得了广泛的共识。一般而言,创新对经济和劳动的生产率有提升作用。创新通过使用新的生产要素、优化原有生产过程、更有效地组合生产要素(组织创新)、引入新产品等途径,为经济发展提供内生的动力。

现实中，创新可以通过扩大市场、推动技术进步和激发企业家精神等途径促进经济增长。这也得到了大量实证研究的证实（柳卸林等，2017）。

除了创新对于经济增长一般性的影响，创新型城市等培育引导型政策对经济增长的促进作用还体现在对经济环境的优化上，即创新型城市政策可能会产生正的外部性，进而对经济增长起到促进作用。一个典型的例子就是集聚经济。相对于其他经济活动，创新活动具有更强的集聚分布特征（Buzard and Carlino, 2013）。集聚经济可以通过共享、匹配和学习等途径，激发区域的经济增长动力（Duranton and Puga, 2004）。集聚经济带来的本地市场范围扩张能将专业化投入、专业化劳动力以及商业服务共享，从而让企业可以从外部获取资源（Helsley and Strange, 2002）。因此，共享效应可以为企业带来正的外部性。集聚经济带来的匹配效应可以通过提升资源的配置效率促进区域经济增长。例如，本地市场范围扩张可以提供更多机会，工人和企业在就业市场上也就更有选择性，因此，企业能够更快得到合适的员工（Berliant et al., 2006），进而提升企业绩效（Strange et al., 2006）。知识溢出也是集聚经济促进创新的重要机制（赵勇、白永秀，2009）。集聚促进了人们之间信息和知识的交换，产生了正的外部性，对经济增长起到促进作用。

总之，国家创新型城市试点采取了引导资源向创新投入、培育创新环境等举措，提高了城市的创新能力。现有研究表明城市创新能力的提升有助于促进城市的经济增长。因此，本书预期国家创新型城市试点对于区域经济增长会产生积极的作用。

◇ 第二节 识别策略、变量和数据

一 识别策略

因为创新型城市是经过各地方政府上报,由科学技术部或国家发展和改革委员会批复认定,然后才得以确立的,从2008年国家设立第一个试点城市开始,每年都有一部分城市进入试点范围,各个城市在进入试点范围的时间上存在差异,所以,创新型城市的确立具有时间和地区两个层面的"差异"。在满足平行趋势的假设下,我们可以采用双重差分方法对创新型城市的"平均处理效应"进行识别。其中,将被确认为国家创新型城市试点的城市视为处理组,未入选试点的城市则视为控制组。根据经典文献的做法,本书通过控制时间效应和城市个体效应的方法进行估计,基准回归模型如下(6-1)。

$$growth_{it} = \alpha_0 + \beta_1 inno\_city_{it} + \alpha X_{it} + \delta_i + \mu_t + \varepsilon_{it} \quad (6-1)$$

其中,被解释变量为$growth_{it}$,为某一年某一城市的经济增速,下标i和t分别表示第i个城市和第t年;X_{it}为其他控制变量,其具体变量见后文;δ_i代表城市的个体固定效应,μ_t代表年份的时间固定效应;$inno\_city_{it}$为核心解释变量,代表了一个城市是否进入创新型城市试点,其系数β_1衡量了入选创新型城市对于该城市经济增速的平均处理效应。本书还针对识别中的潜在问题进行了稳健性检验，如平行趋势检验、进一步控制前定变量的时间趋势和安慰剂检验等，具体识别策略见稳健性检验部分。

二　变量和数据

（一）被解释变量

为了估计创新型城市的确立对于城市经济增速的实际影响，本书将城市的实际经济增速作为被解释变量。为了多角度地刻画城市的经济增速，我们选取城市总体的 GDP 增速、人均 GDP 增速作为被解释变量。另外，为了考察城市增长的产业特征，我们也分别将第二产业增加值增速和第三产业增加值增速作为被解释变量进行估计。

（二）核心解释变量

本书的核心解释变量是国家创新型城市试点（inno_city）。该变量的认定方法如下：在一个城市得到科学技术部或国家发展和改革委员会批复，入选国家创新型城市试点当年和之后的年份，inno_city 设定为 1，在其余城市和创新型城市尚未进入试点的年份，inno_city 设定为 0。[①] 另外，北京、上海、天津和重庆各有一个区入选创新型城

---

① 2010 年，科学技术部、国家发展和改革委员会相继确定了国家创新型城市试点的名单。两个部委确定的创新型城市有些区别，同时入选的城市有南京、广州等 8 个，还有一些城市只得到了一个部委的批准。在本书中，只要相关城市得到国家部委的批复（无论是科学技术部还是国家发展和改革委员会），均按照创新型城市处理。

市（区），与其他城市全市都作为创新型城市试点有很大区别，且本书采用的是地级市数据，故而将四个直辖市的数据从样本中剔除。

（三）控制变量

为了进一步排除其他因素的影响，本书还控制了一系列控制变量。根据现有文献，本书控制了经济结构和人口密度；在投资和人力资本方面，本书控制了固定资产投资、人口密度和受教育程度；在制度和科技环境因素方面，本书控制了政府强度、道路密度、科技事业费、人均高校教师数和发明专利申请数。各变量的计算方法如表6-1所示。

表6-1　　　　　　　　变量与指标

变量	符号	指标
GDP增速	growth	GDP增速（%）
人均GDP增速	growth per	人均GDP增速（%）
第二产业增加值增速	growth sec	第二产业增加值增速（%）
第三产业增加值增速	growth thd	第三产业增加值增速（%）
国家创新型城市试点	inno_city	被批复进入国家创新型城市试点
经济结构	ecostru	第二产业和第三产业产值占地区上产总值比重（%）
人口密度	den	总人口/土地面积（万人/平方千米）
固定资产投资	lnasset	固定资产投资对数[lg（万元）]
受教育程度	edu	高等学校在校学生数/总人口（人/万人）
政府强度	gov	预算内支出/地区生产总值（万元/万元）
道路密度	road	铺装道路面积/土地面积（%）
科技事业费	tec	预算内科技事业费（百万元）

续表

变量	符号	指标
人均高校教师数	teacher	高校专职教师数（千人/万人）
发明专利申请数	inva	城市发明专利申请书（件）

资料来源：笔者整理。

本书采用2002—2016年中国地级市的面板数据[①]，所用的专利数据来源于中国研究数据服务平台（CNRDS）中国创新专利研究数据库，其余城市层面的变量均来源于《中国城市统计年鉴》。所用数据的描述性统计如表6-2所示。

表6-2　　　　　　　　描述性统计

变量	样本数	均值	标准差	最小值	最大值
growth	4178	0.145	0.109	-0.736	3.929
growth per	4167	0.137	0.123	-0.744	4.038
growth sec	4172	0.153	0.140	-0.540	1.198
growth thd	4170	0.160	0.201	-0.885	11.201
ecostru	4204	84.993	9.202	50.110	99.970
den	4201	-3.511	0.910	-7.663	-1.307
lnasset	4203	15.412	1.124	11.667	18.229
edu	4088	143.849	206.840	0.000	1311.241

---

① 由于2011年行政区划调整，巢湖市调整为合肥市所辖的县级市，为了保持一致，本书将2011年巢湖市和合肥市的数据进行了合并。

续表

变量	样本数	均值	标准差	最小值	最大值
road	4180	0.806	0.971	-5.619	5.398
gov	4200	0.109	0.115	0.007	2.349
teacher	4084	0.008	0.012	0	0.083
inva	4165	847.449	2955.612	0	43041

资料来源：中国研究数据服务平台（CNRDS）中国创新专利研究数据库、《中国城市统计年鉴》、EPS数据库和中国工业企业数据库。

◇ 第三节 基础估计结果和稳健性检验

一 基础估计结果：创新型城市试点提升了城市的经济增速

本书估计了国家创新型城市试点对于城市经济增长的影响，发现国家创新型城市试点显著地提升了试点城市的经济增速。表6-3的第（1）、（2）列分别报告了被解释变量为城市总体的GDP增速和人均GDP增速的回归结果。无论是城市总体GDP增速还是人均GDP增速，创新型城市的估计系数均显著为正，说明创新型城市试点促进了城市经济增长。

本书进一步对不同产业的增速进行分析，发现创新型城市的促进作用主要体现在第二产业方面。在表6-3的第（3）列、第（4）列中，本书分别报告了被解释变量为第二产业增速和第三产业增速的回归结果。结果表明，创新型城市的影响主要体现在第二产业方面，第二产业增速的估计系数均在1%的显著性水平下为正；第三产业的估计系数尽管也为正，但是统计上不显著。所以，这个结果表明创新型城市不仅促进了经济增长，提升了城市经济的增长速度，而且有助于产业结构的改善，使得实体经济有更大的发展动力。

表6-3　　　　　　　　　　基础回归结果

变量	(1) growth	(2) growth per	(3) growth sec	(4) growth thd
inno_city	0.022***	0.031***	0.042***	0.015
	(0.009)	(0.011)	(0.010)	(0.016)
ecostru	0.006*	0.007**	0.003***	0.013
	(0.003)	(0.003)	(0.001)	(0.009)
den	0.031	-0.128	0.056	-0.008
	(0.054)	(0.103)	(0.059)	(0.076)
lnasset	0.047***	0.046***	0.077***	0.008
	(0.014)	(0.015)	(0.009)	(0.039)
edu	-0.000	0.000	-0.000	-0.000
	(0.000)	(0.000)	(0.000)	(0.000)
road	-0.007	0.003	-0.011	-0.014
	(0.006)	(0.008)	(0.009)	(0.009)
gov	0.003	0.014	0.044	-0.100
	(0.031)	(0.034)	(0.033)	(0.088)
城市固定效应	已控制	已控制	已控制	已控制
年份固定效应	已控制	已控制	已控制	已控制
样本量	4031	4023	4025	4025
R^2	0.392	0.304	0.510	0.130

注：括号内数据根据地级市聚类的稳健标准误计算。*** $p<0.01$，** $p<0.05$，* $p<0.1$。

二 稳健性检验

(一) 平行趋势与动态效应

双重差分方法的一个重要假设是处理组和控制组具有平行发展趋势。因此，本书首先利用事件研究的方法，检验平行趋势假设与动态效应。其具体做法如下，本书以代表受到处理相对年份的虚拟变量替换基础回归中的核心解释变量（inno_city），将回归方程改为式6-2的形式，其中B_k代表入选试点的前k年，A_k代表入选试点后的第k年，其余变量含义与基础回归相同。

$$growth_{it} = \alpha_0 + \sum_{k=2}^{11} \beta_k B_k + \sum_{k=0}^{7} \beta'_k A_k + \alpha X_{it} + \delta_i + \mu_t + \varepsilon_{it}$$

(6-2)

结果表明本章的研究设计满足平行趋势假设。如图6-2至图6-5所示，绝大部分事前虚拟变量的估计系数均不显著，表明处理组和控制组的经济增长能力趋势相同，满足平行趋势假设。在政策实施当年，虚拟变量的估计系数为正，但是显著性较弱。随着入选创新型城市时间的延长，估计系数不断变大，显著性也不断加强。这表明，创新型城市对于城市经济增速的提升有着深远的影响，随着时间的推移，其积极影响不断加大。总之，平行趋势检验的结果支持本书的识别，满足双重差分的前提假设。

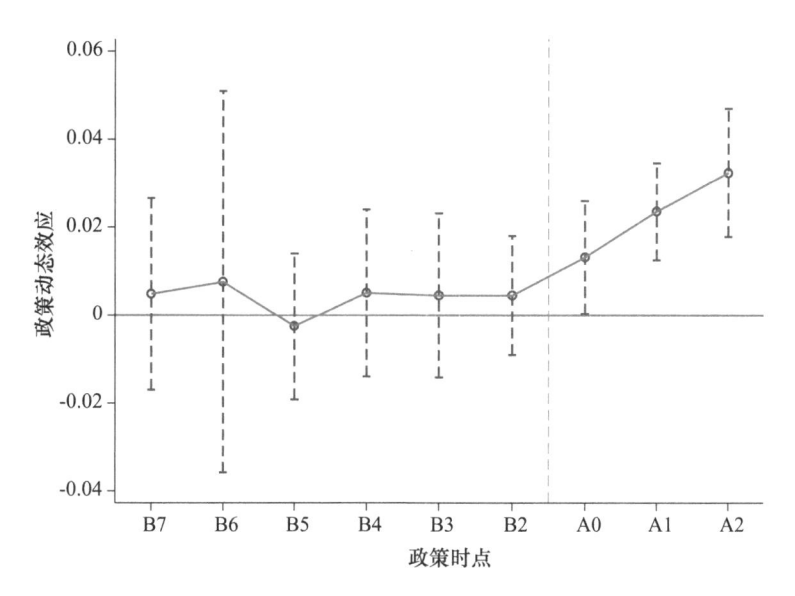

第六章 政府培育引导型区域政策与经济增长 145

图 6-2 GDP 增速平行趋势检验

资料来源：笔者绘制。

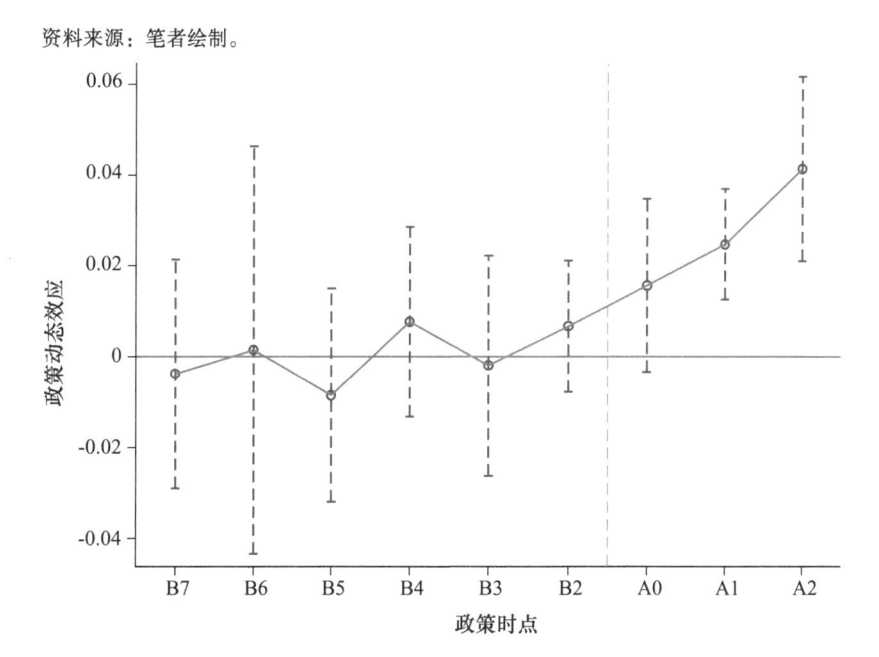

图 6-3 人均 GDP 增速平行趋势检验

资料来源：笔者绘制。

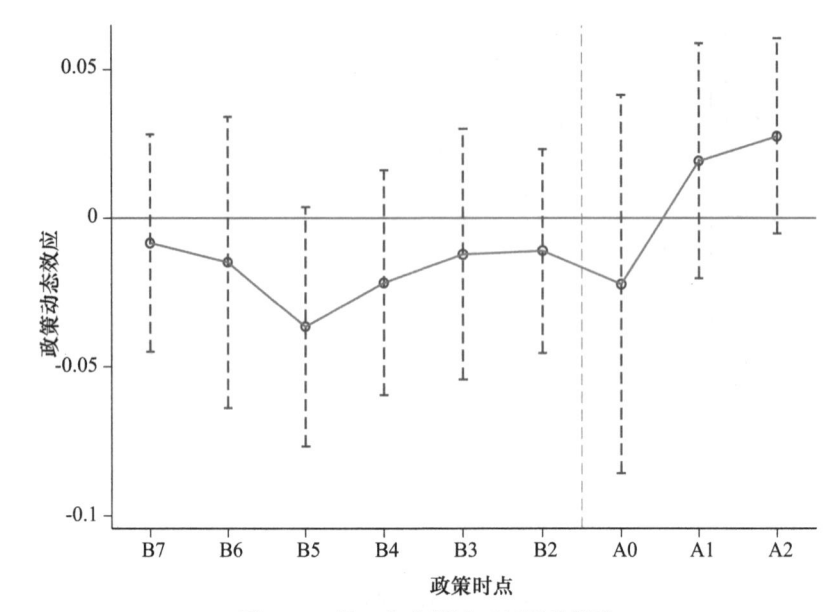

图 6-4　第二产业增速平行趋势检验

资料来源：笔者绘制。

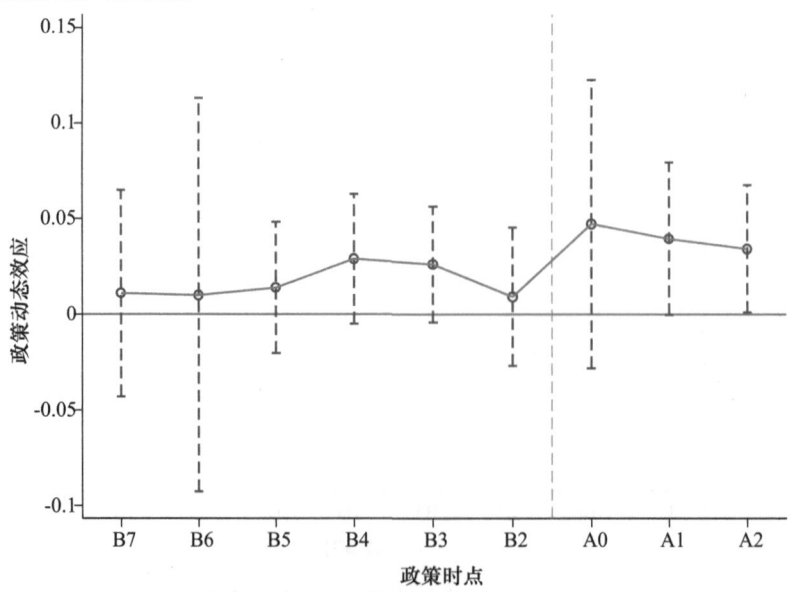

图 6-5　第三产业增速平行趋势检验

资料来源：笔者绘制。

(二) 试点型政策的检验

国家创新型城市建设存在明显的试点性质，政府根据一些标准选择城市作为试点并逐步推广，并不是随机选择城市。那么，城市是否入选创新型城市、什么时候入选创新型城市均会受到城市本身前定因素的影响，存在明显内生性，可能会对回归结果造成影响。为了克服这一问题，本书借鉴 Gentzkow（2006）的做法，在基础回归的基础上，进一步加入可能影响城市进入试点的前定变量与时间趋势的交互项，从而控制这些影响城市入选试点的因素对未来的影响。具体而言，本书将前定变量与时间的线性趋势 t 加入方程（6-1）中，对方程（6-3）进行估计。

$$growth_{it} = \alpha_0 + \beta_1 inno\_city_{it} + \theta(t \times S) + \alpha X_{it} + \delta_i + \mu_t + \varepsilon_{it}$$

$$(6-3)$$

其中，S 为一系列影响城市入选创新型城市的前定变量。因为 2010 年科学技术部发布的《关于进一步推进创新型城市试点工作的指导意见》指出，城市的创新能力是入选试点的重要依据，且第一个创新型城市的试点在 2008 年设立，所以本书选取 2007 年的专利申请量、专利授予量作为前定变量 S，t 为时间的线性函数，其余变量含义与基础回归中相同。

回归结果与基础估计结果相一致。如表 6-4 所示，在进一步控制了前定变量的时间趋势后，入选创新型城市虚拟变量的估计结果仍然显著为正。这个结果表明考虑政策的试点性质后，创新型城市试点仍然对城市经济增长产生了积极的影响。这个结果与基础回归中的结果一致,进一步支持了基础回归中的结论。

表6-4　　　　　　　　进一步控制前定变量的时间趋势

变量	(1) growth	(2) growth per	(3) growth sec	(4) growth thd
inno_city	0.016*	0.025**	0.033***	0.013
	(0.009)	(0.011)	(0.009)	(0.015)
ecostru	0.006*	0.007**	0.003***	0.013
	(0.003)	(0.003)	(0.001)	(0.009)
den	0.021	-0.140	0.040	-0.011
	(0.059)	(0.104)	(0.063)	(0.082)
lnasset	0.051***	0.050***	0.083***	0.008
	(0.014)	(0.015)	(0.010)	(0.038)
edu	-0.000	0.000	-0.000	-0.000
	(0.000)	(0.000)	(0.000)	(0.000)
road	-0.007	0.004	-0.010	-0.014
	(0.006)	(0.008)	(0.009)	(0.009)
gov	0.008	0.019	0.053	-0.100
	(0.031)	(0.033)	(0.034)	(0.087)
pata07_t1	-0.000	0.000	-0.000	0.000
	(0.000)	(0.000)	(0.000)	(0.000)
patg07_t1	0.000**	0.000	0.000***	-0.000
	(0.000)	(0.000)	(0.000)	(0.000)
城市固定效应	已控制	已控制	已控制	已控制
年份固定效应	已控制	已控制	已控制	已控制
样本量	4031	4023	4025	4025
R^2	0.393	0.305	0.512	0.130

注:括号内数据根据地级市聚类的稳健标准误计算。***$p<0.01$,**$p<0.05$,*$p<0.1$。

(三) 进一步控制省份和年份联合固定效应

为了控制住各省出台政策的影响，我们在基础估计的基础上进一步控制了省份和年份的联合固定效应，结果如表 6-5 所示。结果表明，这些稳健性检验的结果均与基础估计的结果高度一致，说明基础估计的结果稳健，即入选创新型城市试点对试点城市的经济增长有积极影响，且主要作用于第二产业上。

表 6-5   控制省份和年份联合固定效应结果

变量	(1) growth	(2) growth per	(3) growth sec	(4) growth thd
inno_city	0.017*	0.026**	0.029***	0.015
	(0.009)	(0.012)	(0.008)	(0.021)
ecostru	0.008*	0.008**	0.005***	0.016
	(0.004)	(0.004)	(0.001)	(0.012)
den	0.029	-0.154	0.057	-0.017
	(0.071)	(0.114)	(0.076)	(0.089)
lnasset	0.029*	0.023	0.055***	-0.016
	(0.017)	(0.018)	(0.011)	(0.043)
edu	0.000	0.000*	0.000	0.000
	(0.000)	(0.000)	(0.000)	(0.000)
road	-0.005	0.009	-0.008	-0.010
	(0.006)	(0.007)	(0.009)	(0.009)
gov	0.015	-0.003	0.039	-0.090
	(0.034)	(0.034)	(0.032)	(0.089)
城市固定效应	已控制	已控制	已控制	已控制
年份固定效应	已控制	已控制	已控制	已控制
省份#年份联合固定效应	已控制	已控制	已控制	已控制

续表

变量	(1)	(2)	(3)	(4)
	growth	*growth per*	*growth sec*	*growth thd*
样本量	4009	4000	4002	4002
R^2	0.548	0.440	0.675	0.274

注：括号内数据根据地级市聚类的稳健标准误计算。*** p<0.01，** p<0.05，* p<0.1。

（四）安慰剂检验

为了保证估计的政策效果不是来源于统计上的偶然因素，本书进行了一个安慰剂检验。参考 Chetty 等（2009）和 Li 等（2016）的研究，本书随机抽取了一些城市，并将其看作安慰剂处理组，然后用基础估计中相同的方法，估计这些安慰剂的政策效果。通过多次重复上述过程，我们得到多个安慰剂估计的分布情况，结果如图 6-6 所示。

安慰剂检验结果表明，基础估计结果并不是出于统计上的偶然。图中的散点标出了安慰剂回归的估计结果，垂直于 x 轴的直线标出了基础回归的估计值。本结果表明，基础回归中的估计值均在安慰剂回归分布的右侧尾部，这支持基础回归中创新型城市试点对经济增长有促进作用的结论，同时也说明这种效果并不是由统计上的偶然因素造成的。

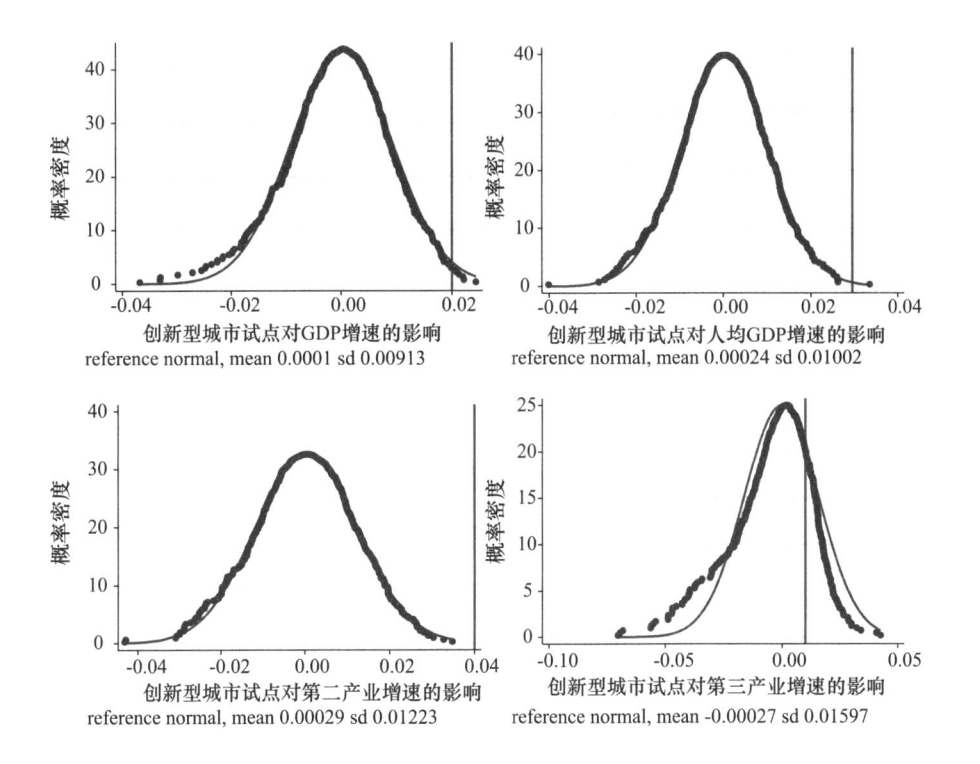

图 6-6 安慰剂检验

资料来源：笔者绘制。

◈ 第四节 机制分析

基础回归和稳健性检验结果均表明，国家创新型城市试点会提升城市的经济增速。那么，究竟是什么原因使创新型城市试点发挥作用呢？事实上，创新是经济增长的内生动力，创新型城市试点对城市的创新能力有很强的促进作用，因此，本部分重点分析国家创新型城市试点是否会通过促进城市创新来提升城市经济增速。

本节的机制分析按照如下思路进行：首先，检验创新型城市试点是否可以依靠促进城市创新发挥作用；然后，考察国家创新型城市试点实际上是否促进了这些中介变量的提升。具体而言，本节首先将这些可以反映创新的变量，以及其与创新城市虚拟变量（inno_city）的交互项加入基础回归，通过考察交互项的估计系数，来判断创新型城市是否可以依靠这些机制发挥作用。其次，本书以这些影响机制为被解释变量，以是不是创新型城市为解释变量，用双重差分的方法考察创新型城市试点是否提升了城市创新。具体结果如下所示。

首先，本节检验了创新产出的影响。发明专利是创新的一个重要体现，衡量了城市创新产出的情况，在创新型城市建设过程中也将发明专利的拥有量作为重要的考核指标。因此，本章将发明专利数量及其与创新型城市试点的交互项加入基础回归之中。结果如表 6-6 所示，发明专利数量与创新型城市的交互项显著为正。这表明，创新型城市试点可以依靠城市创新的方式，促进城市经济发展，而且这种促进作用主要体现在第二产业方面。

表 6-6　　　　　　　　创新产出的影响——发明专利数量

变量	(1) growth	(2) growth per	(3) growth sec	(4) growth thd
inno_city × inva	0.011 ***	0.012 **	0.019 ***	0.002
	(0.004)	(0.005)	(0.004)	(0.004)
inno_city	-0.060 *	-0.061	-0.102 ***	0.001
	(0.033)	(0.040)	(0.032)	(0.041)

续表

变量	(1) growth	(2) growth per	(3) growth sec	(4) growth thd
lg_inva	-0.000	-0.002	-0.001	-0.004
	(0.004)	(0.004)	(0.004)	(0.009)
ecostru	0.006*	0.007*	0.003***	0.013
	(0.003)	(0.003)	(0.001)	(0.010)
den	0.034	-0.128	0.058	-0.024
	(0.056)	(0.106)	(0.060)	(0.077)
lnasset	0.049***	0.049***	0.080***	0.009
	(0.014)	(0.015)	(0.010)	(0.037)
edu	-0.000	0.000	-0.000	-0.000
	(0.000)	(0.000)	(0.000)	(0.000)
road	-0.007	0.006	-0.011	-0.013
	(0.007)	(0.008)	(0.009)	(0.010)
gov	0.014	0.005	0.066	-0.116
	(0.041)	(0.042)	(0.041)	(0.116)
城市固定效应	已控制	已控制	已控制	已控制
年份固定效应	已控制	已控制	已控制	已控制
样本量	3986	3979	3980	3980
R^2	0.394	0.305	0.514	0.132

注：括号内数据根据地级市聚类的稳健标准误计算。***$p<0.01$，**$p<0.05$，*$p<0.1$。

其次，除了创新产出方面，本节还从人力资本的角度考察了创新型城市试点的作用机制。高校教师是城市中科研人员的重要组成部分，是影响城市创新能力的重要资本，因此，本章将高校教师数与创新型城市的交互项加入基础回归中。结果如表6-7所示，被解释变量为城市经济增速和第二产业增速时估计系数显著为正，表明创新型城市试点可以通过提升高校教师数来促进城市经济增长，特别是第二产业的增长。其原因在于高校教师主要从事科学研究，而科学研究与技术创新联系更加密切，因此可以为城市经济，特别是实体经济提供发展动力。

表6-7　　　　　　　　创新投入的影响——高校教师数量

变量	(1)	(2)	(3)	(4)
	growth	growth per	growth sec	growth thd
inno_city × teacher	0.730**	0.815**	0.945**	0.665*
	(0.293)	(0.365)	(0.399)	(0.396)
inno_city	0.007	0.011	0.022*	-0.000
	(0.011)	(0.011)	(0.013)	(0.015)
teacher_universit	-1.004*	-0.066	-1.331*	-0.553
	(0.574)	(0.586)	(0.796)	(0.843)
ecostru	0.006*	0.007**	0.003***	0.013
	(0.003)	(0.003)	(0.001)	(0.009)
den	0.027	-0.134	0.050	-0.012
	(0.054)	(0.105)	(0.059)	(0.077)
lnasset	0.048***	0.046***	0.077***	0.008
	(0.014)	(0.015)	(0.009)	(0.039)
edu	0.000	0.000	-0.000	-0.000
	(0.000)	(0.000)	(0.000)	(0.000)
road	-0.007	0.003	-0.010	-0.014
	(0.006)	(0.008)	(0.009)	(0.009)
gov	0.005	0.018	0.046	-0.098
	(0.031)	(0.033)	(0.033)	(0.087)
城市固定效应	已控制	已控制	已控制	已控制
年份固定效应	已控制	已控制	已控制	已控制
样本量	4024	4016	4018	4018
R^2	0.395	0.306	0.514	0.131

注：括号内数据根据地级市聚类的稳健标准误计算。*** $p<0.01$，** $p<0.05$，* $p<0.1$。

通过上述分析,本节证实提升城市创新能力可以激发创新型城市建设对经济发展的促进作用。那么,在中国目前的国家创新型城市试点中,政策是否提升了城市的创新能力呢?本节进一步将反映城市创新能力的变量作为被解释变量,考察创新型城市试点对城市创新能力的影响,结果如表6-8所示。其中,核心估计系数显著为正,表明创新型城市试点确实提升了试点城市发明专利数量,增加了高校教师占比,提升了城市的创新能力。这也为基础回归的结论构建了一个完整的逻辑链条,即创新型城市建设提升了城市的创新能力,同时城市创新能力的提升也有助于提升城市的经济增速。因此,创新型城市建设实际上对经济增长起到了促进作用。

表6-8 对机制变量的影响

变量	(1) lg_inva	(2) teacher
inno_city	0.073*	2.532***
	(0.038)	(0.498)
ecostru	0.030***	-0.024
	(0.004)	(0.019)
den	0.046	1.288
	(0.167)	(1.139)
lnasset	0.117***	-0.060
	(0.037)	(0.170)
edu	0.000**	0.030***
	(0.000)	(0.003)
road	0.037	0.084
	(0.035)	(0.144)

续表

变量	(1)	(2)
	lg_inva	teacher
gov	-0.020	-0.781
	(0.164)	(0.716)
城市固定效应	已控制	已控制
年份固定效应	已控制	已控制
样本量	4001	4040
R^2	0.930	0.952

注：括号内数据根据地级市聚类的稳健标准误计算。*** $p<0.01$，** $p<0.05$，* $p<0.1$。

◈ 第五节　小结

培育引导型政策是区域导向型政策的一个典型类型。它通过培育区域发展的内生动力，改善区域发展的环境与机制，引导区域经济的高质量发展。本章选取国家创新型城市试点这一典型的培育引导型政策，实证检验了该政策对经济增长的影响及其作用机制。

借助创新型城市试点的冲击，本章利用2002—2016年中国地级市的面板数据，通过双重差分的方法研究了创新型城市建设对城市经济增长的影响，并对影响的机制进行分析。研究发现，创新型城市试点提高了城市的经济增速，并对第二产业的增速有更大的影响。本章发现，创新型城市试点政策可以通过提升城市创新能力的途径，促进城市的经济增长。

本章的结论为培育引导型政策对区域经济增长的促进作用提供了经验证据，表明通过培育区域发展的内生动力和发展环境，引导区域经济增长的动力，可以有力地促进经济增长。而且，与政府干预主导型政策不同，培育引导型政策重点培育的是经济增长的长期动力，因此不会使经济产生对政策的依赖性。因此，如何更好地设计培育引导型政策，完善培育引导型政策的机制，应成为下一阶段区域导向型政策设计的一个重点。

针对创新型城市建设这一特定的区域导向型政策，本书也有一定的政策启示。我们应充分肯定当前创新型城市试点的积极结果，进一步加强创新型城市建设。目前，创新型城市试点取得了良好的效果，不仅对城市的创新能力有明显的促进作用，而且也会提高城市经济的增长能力。所以，继续推进创新型城市的建设有助于提升城市的创新能力，对区域创新体系建设发挥引领作用，为中国进一步实施创新型发展战略提供支撑。为此，应当一方面在现有的试点城市中推进政策的落实；另一方面，在合适的时机扩大试点城市的范围，创建完善的创新型城市体系。

第七章

结论与启示

◇ 第一节 主要观点

本书根据政府在政策执行中的不同作用方式，将中国改革开放以来区域导向型政策划分为政府干预主导型、政府自发合作型、政府培育引导型，并基于此框架探讨了不同模式区域政策影响区域经济增长的机制及作用方式。

第一，经济政策可以从区域导向性和政府的参与方式等维度进行类别划分。本书认为，政策从区域导向性看，可以分为区域导向型政策和空间中性政策；从政府的参与方式看，可以分为政府干预主导型、政府自发合作型和政府培育引导型。改革开放以来，上述三类区域导向型政策在中国都曾广泛实施。而且，这些典型的区域导向型政策中政府的不同参与方式，可以从特征性事实和政策文本中反映出来。

第二,以"振兴东北地区等老工业基地"政策为代表的政府干预主导型区域政策对经济发展存在遏制作用。在政策实施过程中,预设的各类政策机制并没有发挥预想的效果,反而由于投资带来的挤出效应,阻碍了地区发展,使得地区生产总值下降,地区发展落入"政策陷阱"。从政策机制的角度来看,政府干预主导型的区域政策倾向于直接调配各类资源,对地区经济发展产生直接、快速的影响。因此,政策机制往往难以完全实现预期的效果。一方面,投资、补贴、税收减免等政策工具可以在短期内迅速改善地区或产业发展状况,但是不利于从根本上解决限制地区或产业发展的顽疾,导致在政策红利消退后,地区经济发展再度陷入萧条;另一方面,政府干预主导型区域政策往往会偏重某一方面,过度重视经济产出要素,忽略基础设施水平、科技研发投入、居民消费质量等环境因素,造成挤出效应,破坏地区各类要素的均衡发展,最终导致政策效果不佳。总的来说,政府干预主导型区域政策虽然可以带来短期的增长,但是由于部分政策机制的影响难以涉及地区经济增长更深入的环节,无法保证经济的稳定持续增长,同时,在政策工具不能直接控制的领域,政策机制失效的现象也较为明显,当政策支持力度减弱或者宏观发展环境发生较大变化时,容易出现较大程度的经济滑坡。

第三,以"长三角扩容"政策为代表的政府自发合作型区域政策对经济增长发挥促进作用。本书从长三角地区的相关政策文件出发,从理论上分析城市进入长三角城市群名单对于其经济增长的影响。本书将2013年长三角扩容作为政策冲击,利用2010—2016年地级市面板数据，运用双重差分、匹配双重差分的方法，估计了入选长三角城市群名单对于新进入城市经济增长的影响。回归结果说明，进入长三角城市群名单能够显著推动城市经济增长，即政府自发合作型区域政策对于经济增长有促进作用。实证结果表明，入选长三角城市群名单对于城市经济增长的促进作用是通过提升区域合作背景下的基础建设水平、居民消费水平、对外开放程度和科技创新水平等方面实现的。

第四，以"创新型城市试点"为代表的政府培育引导型区域政策对引导经济高质量发展发挥重要作用。本书选取了国家创新型城市试点，实证检验了该政策对于经济增长的影响程度及其作用机制。本书运用连续十余年 2002—2016 年中国地级市的面板数据，通过双重差分的方法研究了创新型城市建设对于城市经济增长的影响，并对影响的机制进行了分析。研究发现，创新型城市试点提高了城市的经济增速，并且对于第二产业的增速有更大的影响。通过机制分析，本书发现，创新型城市可以通过提升城市创新能力的途径促进城市的经济增长。本书认为，创新型城市可以通过培育区域发展的内生动力和发展环境，引导区域经济增长的动力，有力地促进经济增长。而且，与政府干预主导型政策不同，培育引导型政策重点培育的是经济增长的长期动力，因此不会产生对政策的依赖性。如何更好地设计培育引导型政策，完善培育引导型政策的机制，应该成为下一阶段区域导向型政策设计的一个重点。

第五，政府干预方式深刻影响着区域导向型政策的实施效果。对比不同政府参与方式下区域导向型政策的效果，本书发现，政府干预主导型区域政策由于政府干预强度较大且方式直接，能够较快实现政策目标，但同时由于和其他市场主体互动较少，政策效应可能仅存在于局部且长期效应有限；政府自发合作型区域政策由于政府强度较高，能够有效促进区域间的要素流通，保障政策的长期效应，且市场化程度较高，将政策效应扩散到较多领域；政府培育引导型区域政策由于政府通过改善发展环境而非直接干预，同样能够收获长期的政策效应。

第二节　政策启示

通过研究政府在政策执行中的不同作用方式，我们发现：政府干预主导型区域政策虽然可以带来短期的增长，但是缺少保证经济长期稳定增长的机制，地区经济韧性偏低，对于外生冲击的抵御能力不足；政府自发合作型区域政策对经济增长发挥促进作用，同时对地区发展的整体环境和基础条件有显著的改善；政府培育引导型区域政策对于经济高质量发展至关重要，可以培育经济增长的长期动力。在此基础上，从三类政策的视角，本书分别提出相应的政策建议。

一　政府干预主导型区域政策实施地区

对于政府干预主导型区域政策实施地区，我们需要明确继续坚持实行相关政策，建立长效机制。从短期来看，政府干预主导型区域政策对地区经济的促进作用是值得肯定的，对于带动区域经济增长、扭转地区陷入萧条的局面尤为重要。实际上，东北地区已经沦为萧条区域，如果没有政府干预主导型区域政策的扶持，可能连低速的增长都无法维持。因此，首先要肯定政策的作用和价值，而且在短期需要加大政策的支持力度，给予更多的政策红利，扭转老工业基地传统的老、陈、暮的形象。

从长期来看，政府干预主导型区域政策作用效果的衰减和作用的局限性是客观存在的，因此要建立政策作用的长效机制，建立系统、递进、柔性的政策体系和政策机制。一是提升城市质量。城市在区域经济发展中发挥着重要作用，是社会主义现代化建设的重要载体，地方政府应该通过区域政策的引导，改善区域发展条件，改造升级公共服务机构和设施，提升公共服务水平，着力提升居民生活质量，提升城市对人才、企业的吸引力，增强区域发展潜力。二是优化产业结构。充分利用区域政策的调节作用，针对地区主导产业的发展，设计符合区域发展的长期规划，逐步汰换落后的产业，强化工业基础能力和创新能力，集中优势资源，在重点实现突破发展，提升整个行业乃至地区的综合技术水平，提升企业的综合竞争力。三是完善区域政策的微观体系。为了保证区域政策能够长效实施，需要系统、柔性的政策体系，以确保区域政策提供的优惠措施能够达到预期的效果。这需要地方政府在制定区域政策后，对政策体系的构建、实施、反馈和调整进行跟进。四是地方政府需要转换思路，明确区域政策的实施是一个长期过程，以区域发展条件的改善为第一要务，能够正视并接受问题区域一段时期的经济低速增长甚至是负增长。

二 政府自发合作型区域政策实施地区

对于政府自发合作型区域政策实施地区来说，区域间的合作是地区经济增长和发展的重要前提，需要保障资源自由流动和有效配置。政府通过自发合作型区域政策的引导，转变经济发展方式。同时，通过跨地区、多部门的合作，培育新兴主导产业。设计长远的规划、建立完善的配套协调政策，同时通过高新技术的引入和应用，与传统制造业相融合，实现转型升级，并在此基础上推动生产服务业的发展。此外，通过建立区域间互通、共享的分工合作网络形成区域发展长效机制，通过直接扶持或者技术人力的支持实现新兴技术与区域经济主体的融合发展，区域内企业网络的技术水平持续更新。政策的着力点转向为地区经济发展提供更加良好的条件，如为创新活动提供补助和税收减免，重视人才的储备和培养，建立专门的政策，设立专项的基金，加强本地区与外地区的交流沟通，等等。

进入新时代，区域竞争关系更加复杂，技术赋能推动的产业网络和城市体系覆盖范围更广，区域高质量发展对政府自发合作型区域政策提出了更高的要求。一是地方政府加快融入"双循环"的新发展格局。党的十九届五中全会提出"加快形成以国内大循环为主体、国内国际双循环相互促进的新发展格局"，促进要素流动，加快形成全国统一开放、竞争有序的商品及要素市场是构建新发展格局的重要内涵。二是打破壁垒，完善一体化机制。应消除各种区域市场不合理壁垒，破除垄断，健全市场一体化的发展机制，深化区域合作机制，增强区域间基础设施、产业、环保等领域的合作。三是提升公共服务一体化水平，为要素流动提供保障。推进公共服务一体化对促进企业间公平竞争和劳动力自由流动具有重要意义。

三 政府培育引导型区域政策实施地区

对于政府培育引导型区域政策实施地区，通常将其作为区域经济发展的极点，应该在提升区域发展质量的同时，充分发挥辐射带动的作用，要充分发挥本地优势资源，补齐发展短板。以本书中的创新型城市试点政策为例。试点取得了良好的效果，不仅对城市的创新能力有明确的促进作用，而且也会促进城市经济的增长能力。所以，继续推进创新型城市建设有助于提升城市的创新能力，对区域创新体系建设发挥引领作用，为中国进一步实施创新型发展战略提供支撑作用。因此，应当一方面在现有的试点城市中推进政策的落实；另一方面，在合适的时机扩大试点城市的范围，创建完善的创新型城市体系，更好地发挥政策的导向性作用。

借助政府培育引导型区域政策，探索布局重大区域战略，试点重点项目。利用重大区域战略、重点项目和政策试点的资源倾斜和政策优惠，发展壮大本地，提升在区域的地位和影响力，促进所在区域或城市群的发展。如通过国家级新区、国家自主创新示范区、自由贸易试验区、智能制造示范区、文化传承示范区、生态文明建设示范区等政策改革区的设立和探索，形成先发优势，充当区域发展的龙头，增强自身的引领和集聚能力；通过机场、港口、高速铁路网、城际路网、通信枢纽、区域性大型能源项目等大型基础设施的建设，打通各级城市要素交流渠道，完善资源分配协调，提升辐射能力；通过集聚和分配国家重大区域战略、重点项目和政策附带的资源，建设企业总部中心、研发中心、金融中心等。

第三节　不足之处

区域导向型政策特征和类型的识别及政策机制效果评估是本书的核心内容，但由于受政策文件和数据的可得性、内容篇幅及笔者的时间和精力限制，本书仍然存在一些不足之处。

一　理论研究有待拓展

本书对政策的识别主要基于理论梳理、数据分析和政策文本研究，在下一步的研究中，可以进一步尝试构建理论模型来解释区域导向型政策的异质性及其影响，更加直观、系统地展现政府参与方式与区域导向型政策异质性的联系，构建从政府参与方式到地方经济增长的逻辑链条。

二 政策选择有待丰富

本书将研究范畴聚焦在三个具有代表性的区域导向型政策上，无法全面刻画中国区域导向型政策的全部细节情况。在下一步的研究中，笔者将根据区域政策的具体特征，扩宽研究内容，将开发区、经济特区、对口支援等具体的区域导向型政策纳入研究范畴，构建完整的政策体系，使研究结果更具有说服力和现实意义。

三 政策划分有待精细

本书将政策按照政府的参与方式划分为三种主要的类型，然而，在实际政策执行中，各类政府参与方式均有体现。虽然本书的政策类别划分依据政策中最主要的政府参与方式，但是这样很难完全剔除其他次要的政府参与方式在政策中的作用。在下一步的研究中，笔者将进一步聚焦政策的执行方式，从中提炼出政府在政策执行中的实际参与方式，从而更加精细地分析每个典型政策中不同政府参与方式的效果，使研究更加精细化。

四 机制研究有待深化

本书对政策机制的研究主要局限在补贴、税收减免、区域合作、政策试点、资源倾斜等传统手段，对于新基建、跨区域平台、自贸区等新区域政策工具的讨论不足。在接下来的研究工作中，笔者将更多关注在区域经济高质量发展阶段和"双循环"区域经济发展格局下的区域导向型政策，总结政府参与方式的创新，更深入分析政策效果和机制的有效性。

附 录

区域导向型政策文件汇总

政策类型	文件名称
干预主导型	1. 吉林省人民政府办公厅关于贯彻落实东北振兴"十二五"规划的实施意见（FBM-CLI-14－683438）
	2. 吉林省人民政府印发贯彻落实国务院关于深入推进实施新一轮东北振兴战略加快推动东北地区经济企稳向好若干重要举措意见有关措施的通知（FBM-CLI-14－1247051）
	3. 吉林省财政厅关于下达2020年中央基建投资（东北振兴重大项目前期工作专项补助）预算的通知（FBM-CLI-14－1587342）
	4. 国务院关于深入推进实施新一轮东北振兴战略加快推动东北地区经济企稳向好若干重要举措的意见（FBM-CLI-2－284485）
	5. 国务院关于近期支持东北振兴若干重大政策举措的意见（FBM-CLI-2－231328）
	6. 国家发展和改革委员会东北振兴司关于确定全国老工业基地调整改造规划研究课题承担单位的公告（FBM-CLI-4－144013）
	7. 国家发展改革委关于印发《东北振兴重大项目和跨省区合作项目前期工作专项补助资金管理暂行办法》的通知（FBM-CLI-4－248933）
	8. 国家发展改革委关于印发《东北振兴重大项目和跨省区合作项目前期工作专项补助资金管理办法》的通知（FBM-CLI-4－337082）
	9. 国家发展改革委关于印发东北振兴"十二五"规划的通知（FBM-CLI-4－170020）
	10. 国家发展改革委关于印发东北振兴"十三五"规划的通知（FBM-CLI-4－286927）
	11. 国家发展改革委关于建立东北振兴省部联席落实推进工作机制的通知（FBM-CLI-4－352838）
	12. 辽宁省人民政府关于印发贯彻落实《国务院关于深入推进实施新一轮东北振兴战略加快推动东北地区经济企稳向好若干重要举措的意见》实施方案的通知（FBM-CLI-14－1241128）
	13. 辽宁省人民政府办公厅关于印发贯彻落实《东北振兴"十三五"规划》工作任务分工方案的通知（FBM-CLI-14－1439046）

续表

政策类型	文件名称
干预主导型	14. 辽宁省人民政府办公厅关于落实东北振兴"十二五"规划任务分工的通知（FBM-CLI-14－679076）
	15. 黑龙江省人民政府印发贯彻落实《国务院关于深入推进实施新一轮东北振兴战略加快推动东北地区经济企稳向好若干重要举措的意见》若干措施的通知（FBM-CLI-14－1247502）
自发合作型	16. 上海市人民政府办公厅转发市发展改革委制订的《关于本市贯彻〈长江三角洲地区区域规划〉实施方案》的通知（FBM-CLI-14－474951）
	17. 上海市人民政府贯彻国务院关于进一步推进长江三角洲地区改革开放和经济社会发展指导意见的实施意见（FBM-CLI-14－319061）
	18. 上海市贯彻《长江三角洲区域一体化发展规划纲要》实施方案（FBM-CLI-12－1578351）
	19. 中共杭州市委、杭州市人民政府关于接轨上海参与长江三角洲合作与交流的若干意见（FBM-CLI-12－46015）
	20. 中共浙江省委、浙江省人民政府关于印发《浙江省推进长江三角洲区域一体化发展行动方案》的通知（FBM-CLI-12－1557921）
	21. 宁波市人民政府办公厅关于印发宁波市贯彻落实长江三角洲地区区域规划实施方案的通知（FBM-CLI-14－515497）
	22. 安徽省实施长江三角洲区域一体化发展规划纲要行动计划（FBM-CLI-12－1560319）
	23. 杭州市人民政府贯彻国务院关于进一步推进长江三角洲地区改革开放和经济社会发展指导意见的实施意见（FBM-CLI-12－2541525）
	24. 江苏省人民政府办公厅转发省发展改革委关于制订国务院进一步推进长江三角洲地区改革开放和经济社会发展指导意见实施方案工作意见的通知（FBM-CLI-14－257311）
	25. 江苏省人民政府印发贯彻国务院关于进一步推进长江三角洲地区改革开放和经济社会发展指导意见实施方案的通知（FBM-CLI-14－360372）
	26. 浙江省人民政府办公厅关于印发浙江省贯彻落实长江三角洲地区区域规划实施方案的通知（FBM-CLI-14－475238）
	27. 浙江省人民政府办公厅关于印发进一步推进长江三角洲地区改革开放和经济社会发展实施意见中有关重点工作分工方案的通知（FBM-CLI-14－384274）
	28. 浙江省人民政府贯彻国务院关于进一步推进长江三角洲地区改革开放和经济社会发展指导意见的实施意见（FBM-CLI-14－369521）

续表

政策类型	文件名称
自发合作型	29. 湖州市人民政府印发贯彻国务院关于进一步推进长江三角洲地区改革开放和经济社会发展指导意见及长江三角洲地区区域规划工作方案的通知（FBM-CLI-14－550153）
	30. 绍兴市人民政府办公室关于印发绍兴市贯彻落实长江三角洲地区区域规划实施方案的通知（FBM-CLI-14－563596）
	31. 芜湖市人民政府关于印发全面贯彻落实长江三角洲城市群发展规划的实施方案的通知（FBM-CLI-14－2316915）
	32. 长江三角洲地区城市合作协议（FBM-CLI-12－1047187）
	33. 长江三角洲城市经济协调会第五次会议纪要（FBM-CLI-14－1047175）
培育引导型	34. 东莞市人民政府关于实施科技东莞工程建设创新型城市的意见（FBM-CLI-12－383402）
	35. 东莞市人民政府关于贯彻落实粤港澳大湾区发展战略全面建设国家创新型城市的实施意见（FBM-CLI-14－1633646）
	36. 东营市人民政府关于印发东营市国家创新型城市建设工作方案的通知（FBM-CLI-14－1492060）
	37. 中共北京市委、北京市人民政府关于增强自主创新能力建设创新型城市的意见（FBM-CLI-12－102850）
	38. 中共南京市委办公厅印发《关于充分发挥科协在建设创新型城市中作用的意见》的通知（FBM-CLI-12－248498）
	39. 中共台州市委、台州市人民政府关于加强创新驱动加速工业转型升级加快创新型城市建设的若干意见（FBM-CLI-12－913646）
	40. 中共台州市委办公室、台州市人民政府办公室关于动员和组织广大科技工作者为建设创新型城市作出新贡献的若干意见（FBM-CLI-12－196674）
	41. 中共哈尔滨市委、哈尔滨市人民政府关于增强自主创新能力建设创新型城市的决定（FBM-CLI-12－107913）
	42. 中共哈尔滨市委、哈尔滨市人民政府印发关于进一步加强科技体制机制创新推进创新型城市建设的若干意见和政策的通知（FBM-CLI-12－719326）
	43. 中共哈尔滨市委办公厅、哈尔滨市人民政府办公厅关于印发《哈尔滨市建设创新型城市工作方案》和《哈尔滨市建设创新型城市有关工作的责任分工》的通知（FBM-CLI-14－187077）
	44. 中共宁波市委、宁波市人民政府关于推进自主创新建设创新型城市的决定（FBM-CLI-14－175940）

附录　区域导向型政策文件汇总　**171**

续表

政策类型	文件名称
培育引导型	45. 中共宁波市委关于深入实施人才和创新"栽树工程"加快建设高水平创新型城市的决定（FBM-CLI-12－1675955）
	46. 中共徐州市委、徐州市人民政府关于增强自主创新能力建设创新型城市的决定（FBM-CLI-12－668131）
	47. 中共成都市委、成都市人民政府关于实施创新驱动发展战略加快创新型城市建设的意见（FBM-CLI-12－1941614）
	48. 中共扬州市委、扬州市人民政府关于增强自主创新能力建设创新型城市的意见（FBM-CLI-12－207356）
	49. 中共杭州市委、杭州市人民政府关于进一步打造"天堂硅谷"推进创新型城市建设的决定（FBM-CLI-14－168772）
	50. 中共武汉市委、武汉市人民政府关于实施"十大计划"加快建设具有强大带动力的创新型城市的意见（FBM-CLI-12－1515001）
	51. 中共沈阳市委、沈阳市人民政府关于提高自主创新能力建设国家创新型城市的决定（FBM-CLI-12－105852）
	52. 中共济南市委、济南市人民政府关于创建国家创新型城市的意见（FBM-CLI-12－393683）
	53. 中共淄博市委、淄博市人民政府关于实施科技规划纲要建设创新型城市的决定（FBM-CLI-14－333731）
	54. 中共淮南市委、淮南市人民政府关于实施创新驱动发展战略加快创新型城市建设的意见（FBM-CLI-12－2238141）
	55. 中共深圳市委、深圳市人民政府关于加快建设国家创新型城市的若干意见（FBM-CLI-12－252027）
	56. 中共深圳市委、深圳市人民政府关于实施自主创新战略建设国家创新型城市的决定（FBM-CLI-12－92691）
	57. 中共温州市委、温州市人民政府关于增强自主创新能力加快建设科技强市和创新型城市的若干意见（FBM-CLI-12－197455）
	58. 中共温州市委办公室、温州市人民政府办公室关于印发《全面实施创新驱动发展战略加快建设创新型城市重点任务分工方案》的通知（FBM-CLI-14－883579）
	59. 中共湖州市委、湖州市人民政府关于加快提高自主创新能力建设创新型城市和科技强市的实施意见（FBM-CLI-12－203473）
	60. 中共湖州市委、湖州市人民政府关于印发《湖州市建设国家创新型城市试点工作实施方案》的通知（FBM-CLI-14－829655）

续表

政策类型	文件名称
培育引导型	61. 中共湘潭市委、湘潭市人民政府关于建设科技创新型城市的决定（FBM-CLI-12－215900）
	62. 中共湘潭市委办公室、湘潭市人民政府办公室关于印发《湘潭市建设科技创新型城市实施方案》的通知（FBM-CLI-14－215996）
	63. 中共舟山市委、舟山市人民政府关于积极推进海洋科技自主创新努力打造创新型城市的决定（FBM-CLI-14－160625）
	64. 中共蚌埠市委、蚌埠市人民政府关于实施创新驱动发展战略进一步加快创新型城市建设的意见（FBM-CLI-12－1085139）
	65. 中共长沙市委、长沙市人民政府关于加快科技创新大力推进创新型城市建设的意见（FBM-CLI-12－2245943）
	66. 中共青岛市委、青岛市人民政府关于增强自主创新能力推进创新型城市建设的意见（FBM-CLI-14－104640）
	67. 中共鹰潭市委、鹰潭市人民政府关于大力实施创新驱动发展战略加快创新型城市建设的决定（FBM-CLI-12－704527）
	68. 云南省科技厅印发《关于支持玉溪市开展国家创新型城市建设的实施意见》的通知（FBM-CLI-12－1586829）
	69. 佛山市人民政府关于印发佛山市全面建设国家创新型城市促进科技创新推动高质量发展若干政策措施的通知（FBM-CLI-12－1679349）
	70. 佛山市人民政府关于印发佛山市建设国家创新型城市总体规划（2013—2020年）的通知（FBM-CLI-14－697912）
	71. 佛山市人民政府办公室关于印发佛山市建设国家创新型城市实施方案（2013—2020年）的通知（FBM-CLI-14－697917）
	72. （南京）市政府关于印发南京市争当江苏省产业科技创新中心排头兵和建设国家创新型城市若干政策措施的通知（FBM-CLI-12－1215258）
	73. 南京市政府办公厅关于转发市科委《〈南京市争当江苏省产业科技创新中心排头兵和建设国家创新型城市若干政策措施〉重点任务分工》的通知（FBM-CLI-12－1230894）
	74. 南昌市人民政府关于印发南昌建设国家创新型城市试点工作实施方案的通知（FBM-CLI-14－526573）
	75. （南通）市政府印发关于加快创新型城市建设推动高质量发展的实施意见的通知（FBM-CLI-14－1516962）

续表

政策类型	文件名称
培育引导型	76. 哈尔滨市人民政府关于印发哈尔滨市人民政府法制办公室建设国家创新型城市试点工作专项方案的通知（FBM-CLI-14－443224）
	77. 哈尔滨市创新型城市建设工作领导小组办公室关于印发《2008年度创新型城市建设工作责任制评议考核方案》的通知（FBM-CLI-14－268785）
	78. 唐山市人民政府关于提高自主创新能力建设创新型城市的若干政策指导意见（FBM-CLI-12－290971）
	79. 天津市人民政府印发关于实施科技发展规划纲要建设创新型城市政策措施的通知（FBM-CLI-14－105990）
	80. 天津市科学技术委员会、天津市知识产权局关于联合推动创新型城市建设和科技型中小企业创新发展的意见（FBM-CLI-12－1014069）
	81. 太原市人民政府批转太原市建设国家创新型城市试点工作领导组办公室关于太原市建设国家创新型城市试点工作方案实施细则的通知（FBM-CLI-12－471689）
	82. 太原市发展和改革委员会关于市发改委建设创新型城市的安排意见（FBM-CLI-12－154632）
	83. 宁波市人民政府关于开展创新型城市建设评价考核工作的意见（FBM-CLI-14－197612）
	84. 常州市人民政府关于大力实施商标战略推进创新型城市建设的意见（FBM-CLI-14－483566）
	85. 广州市人民政府印发广州国家创新型城市建设总体规划（2011—2015年）的通知（FBM-CLI-14－524668）
	86. 广州市发展和改革委员会、广州市科技和信息化局关于印发广州市建设国家创新型城市试点工作实施方案的通知（FBM-CLI-14－492830）
	87. 德州市人民政府关于印发德州市创建国家创新型城市三年行动计划（2020—2022年）的通知（FBM-CLI-14－1657904）
	88. 成都市人民政府关于印发《成都市国家创新型城市建设规划（2010—2015）》的通知（FBM-CLI-14－471288）
	89. 扬州市人民政府印发加快建设区域产业科技创新中心和创新型城市建设政策措施的通知（FBM-CLI-12－2364474）
	90. （扬州）市政府印发加快建设区域产业科技创新中心和创新型城市建设政策措施的通知（FBM-CLI-12－1251378）
	91. 拉萨市人民政府办公厅关于印发《关于加快推进拉萨市建设国家创新型城市的实施意见》的通知（FBM-CLI-12－1448521）

续表

政策类型	文件名称
培育引导型	92. 无锡市人民政府办公室转发市发改委无锡国家创新型城市建设实施规划（2011—2015）的通知（FBM-CLI-14－586789）
	93. 日照市人民政府关于印发日照市建设国家创新型城市科技创新财政扶持政策的通知（FBM-CLI-12－2419545）
	94. 杭州市人民政府办公厅关于印发建设国家创新型城市实施方案的通知（FBM-CLI-14－654471）
	95. 杭州市人民政府办公厅关于印发杭州国家创新型城市总体规划（2011－2015年）的通知（FBM-CLI-14－520333）
	96. 杭州市人民政府办公厅关于印发杭州标准国际化创新型城市示范创建工作实施方案（2018—2020年）的通知（FBM-CLI-12－1469677）
	97. 永州市人民政府关于印发《永州建设创新型城市实施方案》的通知（FBM-CLI-14－1625037）
	98. 汉中市人民政府关于印发汉中市建设国家创新型城市实施方案的通知（FBM-CLI-14－1092386）
	99. 沈阳市人民政府关于印发沈阳市创建国家创新型城市总体规划（2010－2015年）的通知（FBM-CLI-14－439158）
	100. 沈阳市人民政府办公厅关于印发2011年沈阳市创建国家创新型城市工作要点的通知（FBM-CLI-14－492199）
	101. 沈阳市人民政府办公厅关于印发2012年创建国家创新型城市工作要点的通知（FBM-CLI-14－613191）
	102. 沈阳市人民政府办公室关于印发沈阳市提高自主创新能力建设国家创新型城市配套政策文件的通知（FBM-CLI-12－2513367）
	103. 泰安市人民政府关于印发泰安市创新型城市建设实施方案的通知（FBM-CLI-14－1495459）
	104. 济南市人民政府关于印发济南市创建国家创新型城市发展规划（2010－2015年）的通知（FBM-CLI-14－385370）
	105. 济南市人民政府关于印发济南市创建国家创新型城市若干政策的通知（FBM-CLI-12－385382）
	106. 济南市人民政府关于印发济南市创新型城市建设规划的通知（FBM-CLI-14－143828）
	107. 济南市人民政府关于印发济南市实施创新驱动发展战略加快创建国家创新型城市若干政策的通知（FBM-CLI-12－940484）

续表

政策类型	文件名称
培育引导型	108. 济南市人民政府关于印发济南市建设创新型城市若干政策的通知（FBM-CLI-12－107856）
	109. 济南市人民政府关于印发济南建设国家创新型城市试点工作实施方案的通知（FBM-CLI-14－481830）
	110. 济南市人民政府关于印发济南市提高自主创新能力加快创新型城市建设若干政策的通知（FBM-CLI-12－277283）
	111. 济南市人民政府办公厅关于印发济南市建设创新型城市若干政策实施与申报办法的通知（FBM-CLI-12－115870）
	112. 济南市科学技术局关于印发 2012 年济南市创新型城市建设工作要点的通知（FBM-CLI-14－723588）
	113. 浙江省人民政府关于建设创新型城市（县、区）的指导意见（FBM-CLI-12－588543）
	114. 浙江省人民政府办公厅转发省科技厅省统计局关于浙江省创新型城市（县、区）评价指标体系方案（试行）的通知（FBM-CLI-14－621178）
	115. 浙江省科学技术厅、浙江省发展和改革委员会关于转发《科技部创新发展司国家发展改革委高技术产业司关于进一步做好 2017 年创新型城市建设有关工作的通知》的通知（FBM-CLI-12－2537940）
	116. 淮北市人民政府关于印发推进创新型城市建设若干政策（暂行）的通知（FBM-CLI-12－1461447）
	117. 淮南市人民政府关于修订印发建设创新型城市若干政策措施的通知（FBM-CLI-12－1125741）
	118. 淮南市科学技术局关于印发《淮南市关于建设创新型城市若干政策措施实施细则》通知（FBM-CLI-12－2239879）
	119. 深圳市人民政府关于印发深圳国家创新型城市总体规划（2008—2015）的通知（FBM-CLI-14－252039）
	120. 深圳市人民政府关于印发深圳国家创新型城市总体规划实施方案（2011—2013 年）的通知（FBM-CLI-14－565757）
	121. 深圳市人民政府关于印发深圳国家创新型城市总体规划实施方案的通知（FBM-CLI-14－279263）
	122. 深圳市人民政府办公厅关于印发《深圳市建设创新型城市工作方案》的通知（FBM-CLI-14－67012）

续表

政策类型	文件名称
培育引导型	123. 深圳市人民政府办公厅印发中共深圳市委深圳市人民政府《关于实施自主创新战略建设国家创新型城市的决定》有关配套政策文件的通知（FBM-CLI-12 – 102921）
	124. 深圳市教育局关于印发深圳市教育局落实《深圳国家创新型城市总体规划实施方案》工作方案的通知（FBM-CLI-14 – 608301）
	125. 滁州市人民政府关于印发创新型城市建设方案的通知（FBM-CLI-14 – 881793）
	126. 珠海市人民政府办公室关于印发珠海市建设创新型城市行动计划（2014—2016）的通知（FBM-CLI-14 – 876349）
	127. 盘锦市人民政府关于印发盘锦市加快创新型城市建设若干政策的通知（FBM-CLI-12 – 1293026）
	128. 石家庄市人民政府关于印发石家庄市建设国家创新型城市实施方案的通知（FBM-CLI-14 – 460346）
	129. 福州市人民政府关于印发福州市创建国家创新型城市若干配套政策的通知（FBM-CLI-12 – 498846）
	130. 福州市人民政府印发《关于扎实推进国家创新型城市试点工作的实施意见》和《福州市国家创新型城市试点工作综合评价指标体系》的通知（FBM-CLI-14 – 492783）
	131. 自贡市人民政府办公室关于印发《自贡市省级创新型城市建设方案（2020—2021年）》的通知（FBM-CLI-14 – 1602647）
	132. 芜湖市人民政府办公室关于印发芜湖市国家创新型城市建设方案的通知（FBM-CLI-12 – 1474078）
	133. 苏州市人民政府关于印发增强自主创新能力建设创新型城市若干政策意见的实施细则的通知（FBM-CLI-12 – 145846）
	134. 苏州市人民政府关于增强自主创新能力建设创新型城市的若干政策意见（FBM-CLI-12 – 108796）
	135. 萍乡市人民政府关于印发萍乡市建设国家创新型城市试点工作实施方案的通知（FBM-CLI-14 – 880712）
	136. 襄阳市人民政府关于印发《关于全面提升区域创新能力加快推进国家创新型城市建设的实施意见》的通知（FBM-CLI-14 – 1239363）
	137. 西宁市人民政府关于印发西宁市国家创新型城市试点工作实施方案的通知（FBM-CLI-14 – 554706）

续表

政策类型	文件名称
培育引导型	138. 西安市人民政府关于实施科技规划纲要增强自主创新能力建设创新型城市的若干政策规定的通知（FBM-CLI-12－2325281）
	139. 西安市人民政府办公厅关于印发西安国家创新型城市试点工作实施方案的通知（FBM-CLI-14－466736）
	140. 连云港市人民政府关于推进科技创新工程加快国家创新型城市建设若干政策的通知（FBM-CLI-12－586892）
	141. 重庆市地方税务局贯彻落实中共重庆市委、重庆市人民政府关于实施中长期科技规划纲要建设学习型社会和创新型城市的决定的通知（FBM-CLI-14－107664）
	142. 金华市人民政府办公室关于印发《金华市建设国家创新型城市工作实施方案》的通知（FBM-CLI-12－1510929）
	143. 长春市人民政府印发关于实施创新驱动战略加快建设国家创新型城市若干政策的通知（FBM-CLI-12－525641）
	144. 青海省科学技术厅关于进一步做好国家创新型城市建设的通知（FBM-CLI-12－1611344）
	145. 黄石市人民政府关于印发《黄石市国家创新型城市建设方案（2018—2020 年）》的通知（FBM-CLI-14－1490860）
	146. 龙岩市人民政府关于印发龙岩市创新型城市建设三年行动计划（2018—2020 年）的通知（FBM-CLI-14－1464917）

资料来源：笔者根据网络公开资料整理。

主要参考文献

中文文献

白俊红、蒋伏心：《协同创新、空间关联与区域创新绩效》，《经济研究》2015年第7期。

边恕、刘为玲：《东北地区教育公平度分析与政策选择——基于财政投入视角》，《地方财政研究》2020年第10期。

蔡晓慧、茹玉骢：《地方政府基础设施投资会抑制企业技术创新吗？——基于中国制造业企业数据的经验研究》，《管理世界》2016年第11期。

蔡欣磊、范从来、林键：《区域一体化扩容能否促进高质量发展——基于长三角实践的准自然实验研究》，《经济问题探索》2021年第2期。

曹春方、马连福、沈小秀：《财政压力、晋升压力、官员任期与地方国企过度投资》，《经济学》（季刊）2014年第4期。

陈晋、卓莉、史培军等：《基于 DMSP/OLS 数据的中国城市化过程研究——反映区域城市化水平的灯光指数的构建》，《遥感学报》2003 年第 3 期。

陈雯、杨柳青、张鹏等：《长三角区域合作类型，障碍和治理路径》，《城市规划》2021 年第 3 期。

陈喜强、邓丽：《政府主导区域一体化战略带动了经济高质量发展吗？——基于产业结构优化视角的考察》，《江西财经大学学报》2019 年第 1 期。

陈耀：《新一轮东北振兴战略要思考的几个关键问题》，《经济纵横》2017 年第 1 期。

陈钊、陆铭：《在集聚中走向平衡：中国城乡与区域经济协调发展的实证研究》，北京大学出版社 2009 年版。

代明、王颖贤：《创新型城市研究综述》，《城市问题》2009 年第 1 期。

邓慧慧、虞义华、赵家羚：《中国区位导向性政策有效吗？——来自开发区的证据》，《财经研究》2019 年第 1 期。

邓睦军、龚勤林：《中国区域政策的空间选择逻辑》，《经济学家》2017 年第 12 期。

丁嵩、孙斌栋：《区域政策重塑了经济地理吗？——空间中性与空间干预的视角》，《经济社会体制比较》2015 年第 6 期。

董香书、肖翔：《"振兴东北老工业基地"有利于产值还是利润？——来自中国工业企业数据的证据》，《管理世界》2017 年第 7 期。

范子英、张军:《中国如何在平衡中牺牲了效率:转移支付的视角》,《世界经济》2010年第11期。

方创琳、马海涛、王振波等:《中国创新型城市建设的综合评估与空间格局分异》,《地理学报》2014年第4期。

冯锋、汪良兵:《协同创新视角下的区域科技政策绩效提升研究——基于泛长三角区域的实证分析》,《科学学与科学技术管理》2011年第12期。

付晓东、王静田、崔晓雨:《新中国成立以来的区域经济政策实践与理论研究》,《区域经济评论》2019年第4期。

傅勇、张晏:《中国式分权与财政支出结构偏向:为增长而竞争的代价》,《管理世界》2007年第3期。

郭斌:《跨区域环境治理中地方政府合作的交易成本分析》,《西北大学学报》(哲学社会科学版)2015年第1期。

郭庆旺、贾俊雪:《政府公共资本投资的长期经济增长效应》,《经济研究》2006年第7期。

郭瑞、文雁兵、史晋川:《地方官员与经济发展:一个文献综述》,《管理评论》2018年第12期。

胡钰:《创新型城市建设的内涵、经验和途径》,《中国软科学》2007年第4期。

胡援成、肖德勇:《经济发展门槛与自然资源诅咒——基于我国省际层面的面板数据实证研究》,《管理世界》2007年第4期。

黄亮、杜德斌:《创新型城市研究的理论演进与反思》,《地理科学》

2014 年第 7 期。

黄伦涛:《地方政府合作中的利益共享机制研究——以江苏省南北合作共建园区为例》,浙江大学硕士学位论文,2012 年。

惠宁、谢攀、霍丽:《创新型城市指标评价体系研究》,《经济学家》2009 年第 2 期。

蒋玉涛、郑海涛:《创新型城市建设路径及模式比较研究——以广州、深圳为例》,《科技管理研究》2013 年第 14 期。

金凤君、陈明星:《"东北振兴"以来东北地区区域政策评价研究》,《经济地理》2010 年第 8 期。

金刚、沈坤荣:《新中国 70 年经济发展:政府行为演变与增长动力转换》,《宏观质量研究》2019 年第 3 期。

寇明婷、陈凯华、高霞等:《创新型城市技术创新投资效率的测度方法研究:基于创新过程的视角》,《科研管理》2014 年第 6 期。

李琳、韩宝龙、李祖辉等:《创新型城市竞争力评价指标体系及实证研究——基于长沙与东部主要城市的比较分析》,《经济地理》2011 年第 2 期。

李娜、石敏俊、张卓颖等:《基于多区域 CGE 模型的长江经济带一体化政策效果分析》,《中国管理科学》2020 年第 12 期。

李小建:《新的区域政策导向与中原经济区建设思路》,《经济经纬》2012 年第 1 期。

李小平:《系统把握区域高质量发展的结构性问题——评曾繁华、吴阳芬著〈科技创新供给高质量发展路径与政策研究〉》,《社会科学动态》2021年第1期。

李晓钟、张小蒂：《外商直接投资对我国技术创新能力影响及地区差异分析》，《中国工业经济》2008年第9期。

林毅夫、刘培林：《中国的经济发展战略与地区收入差距》，《经济研究》2003年第3期。

刘力、白渭淋：《区域经济一体化与行政区经济的空间效应研究——基于"泛珠三角"区域合作与广东"双转移"的政策协同效应》，《经济地理》2010年第11期。

刘乃全、吴友：《长三角扩容能促进区域经济共同增长吗》，《中国工业经济》2017年第6期。

刘蓉、李娜：《地方债务密集度攀升的乘数和双重挤出效应研究》，《管理世界》2012年第3期。

刘瑞明、赵仁杰：《西部大开发：增长驱动还是政策陷阱——基于PSM-DID方法的研究》，《中国工业经济》2015年第6期。

刘修岩：《空间效率与区域平衡：对中国省级层面集聚效应的检验》，《世界经济》2014年第1期。

刘怡、侯思捷、耿纯：《增值税还是企业所得税促进了固定资产投资——基于东北三省税收政策的研究》，《财贸经济》2017年第6期。

刘祖云：《政府间关系：合作博弈与府际治理》，《学海》2007年第1期。

柳卸林、高雨辰、丁雪辰：《寻找创新驱动发展的新理论思维——基于新熊彼特增长理论的思考》,《管理世界》2017年第12期。

鲁桐、党印:《投资者保护、行政环境与技术创新:跨国经验证据》,《世界经济》2015年第10期。

陆国庆、王舟、张春宇:《中国战略性新兴产业政府创新补贴的绩效研究》,《经济研究》2014年第7期。

陆铭:《城市、区域和国家发展——空间政治经济学的现在与未来》,《经济学》(季刊)2017年第4期。

陆铭、向宽虎:《破解效率与平衡的冲突——论中国的区域发展战略》,《经济社会体制比较》2014年第4期。

罗富政、何广航:《政府干预、市场内生型经济扭曲与区域经济协调发展》,《财贸研究》2021年第2期。

马恩、王有强:《区位导向性政策是否促进了企业创新?——以我国开发区政策为例》,《科技管理研究》2019年第11期。

年猛:《政府干预、集聚经济与中国城市规模分布》,《城市与环境研究》2021年第1期。

聂辉华、方明月、李涛:《增值税转型对企业行为和绩效的影响——以东北地区为例》,《管理世界》2009年第5期。

彭彦强:《论区域地方政府合作中的行政权横向协调》,《政治学研究》2013年第4期。

邵帅、齐中英:《西部地区的能源开发与经济增长——基于"资源诅咒"假说的实证分析》,《经济研究》2008年第4期。

盛广耀:《东北地区振兴战略实施效果评析》,《社会科学辑刊》2013

年第 2 期。

宋妍、陈赛、张明:《地方政府异质性与区域环境合作治理——基于中国式分权的演化博弈分析》,《中国管理科学》2020 年第 1 期。

孙久文:《中国区域经济理论体系的创新问题》,《区域经济评论》2017 年第 3 期。

孙久文、苏玺鉴、闫昊生:《东北振兴政策效果评价——基于 Oaxaca-Blinder 回归的实证分析》,《吉林大学社会科学学报》2020 年第 2 期。

孙久文、苏玺鉴、闫昊生:《新时代东北振兴的产业政策研究》,《经济纵横》2019 年第 9 期。

孙伟增、吴建峰、郑思齐:《区位导向性产业政策的消费带动效应——以开发区政策为例的实证研究》,《中国社会科学》2018 年第 12 期。

谭静、张建华:《开发区政策与企业生产率——基于中国上市企业数据的研究》,《经济学动态》2019 年第 1 期。

唐雪松、周晓苏、马如静:《政府干预、GDP 增长与地方国企过度投资》,《金融研究》2010 年第 8 期。

田红宇、祝志勇、刘魏:《政府主导、地方政府竞争与科技创新效率》,《软科学》2019 年第 2 期。

王娟、郑浩原:《东北振兴政策与东北经济增长——基于 PSM—DID 方法的经验分析》,《东北财经大学学报》2017 年第 5 期。

王娟、郑浩原:《区域发展战略、财政政策与区域经济收敛——兼论东北振兴政策的实施效果》,《东北财经大学学报》2019 年第 5 期。

王洛林、魏后凯:《振兴东北地区经济的未来政策选择》,《财贸经济》2006 年第 2 期。

王鹏、张剑波:《外商直接投资、官产学研合作与区域创新产出——基于我国十三省市面板数据的实证研究》,《经济学家》2013 年第 1 期。

王秋影、吴光莲、庞瑞秋:《创新型城市与长春市创新能力评析》,《经济地理》2009 年第 10 期。

王永进、冯笑:《行政审批制度改革与企业创新》,《中国工业经济》2018 年第 2 期。

魏后凯:《东北振兴政策的效果评价及调整思路》,《社会科学辑刊》2008 年第 1 期。

魏后凯:《中国国家区域政策的调整与展望》,《西南民族大学学报》(人文社科版) 2008 年第 10 期。

魏后凯、赵勇:《深入实施西部大开发战略评估及政策建议》,《开发研究》2014 年第 1 期。

魏志华、赵悦如、吴育辉:《财政补贴:"馅饼"还是"陷阱"?——基于融资约束 VS. 过度投资视角的实证研究》,《财政研究》2015 年第 12 期。

文雁兵:《发展型政府的阵痛:名义攫取之手与资源诅咒效应》,《经济社会体制比较》2018 年第 5 期。

吴俊、杨青:《长三角扩容与经济一体化边界效应研究》,《当代财经》

2015 年第 7 期。

肖文、林高榜：《政府支持、研发管理与技术创新效率——基于中国工业行业的实证分析》，《管理世界》2014 年第 4 期。

徐现祥、王贤彬、高元骅：《中国区域发展的政治经济学》，《世界经济文汇》2011 年第 3 期。

徐喆、李春艳：《我国科技政策演变与创新绩效研究——基于政策相互作用视角》，《经济问题》2017 年第 1 期。

杨冬梅、赵黎明、闫凌州：《创新型城市：概念模型与发展模式》，《科学学与科学技术管理》2006 年第 8 期。

杨洪波：《中国经济制度变迁与区域政策导向演变》，《经济问题探索》2005 年第 6 期。

杨继东、罗路宝：《产业政策、地区竞争与资源空间配置扭曲》，《中国工业经济》2018 年第 12 期。

杨瑞龙：《国企改革的逻辑：困境与未来改革思路》，《军工文化》2019 年第 8 期。

杨天宇、荣雨菲：《区域发展战略能促进经济增长吗——以振兴东北老工业基地战略为例》，《经济理论与经济管理》2017 年第 10 期。

尤建新、卢超、郑海鳌等：《创新型城市建设模式分析——以上海和深圳为例》，《中国软科学》2011 年第 7 期。

喻大华：《晚清东北政策的调整与奉天现代化的启动》，《明清论丛》2017 年第 1 期。

张恒龙、陈宪：《财政竞争对地方公共支出结构的影响——以中国的招商引资竞争为例》,《经济社会体制比较》2006年第6期。

张军、高远、傅勇等:《中国为什么拥有了良好的基础设施?》,《经济研究》2007年第3期。

张康之主编:《公共行政学》(第二版),经济科学出版社2010年版。

张明军、汪伟全:《论和谐地方政府间关系的构建:基于府际治理的新视角》,《中国行政管理》2007年第11期。

张同斌、刘琳:《政府干预,市场化进程与经济增长动力——兼论"简政放权"如何动态释放改革红利》,《浙江社会科学》2017年第1期。

张晓晖、张传娜:《地方政府债务、固定资产投资与经济增长关系研究——基于东北三省111个县(市)数据的分析》,《经济纵横》2020年第8期。

张怡、李维娜:《基于行政权协调的都市圈地方政府合作模式研究》,《中国行政管理》2016年第1期。

张永安、耿喆、李晨光等:《区域科技创新政策对企业创新绩效的影响效率研究》,《科学学与科学技术管理》2016年第8期。

赵林、王维、张宇硕等:《东北振兴以来东北地区城市脆弱性时空格局演变》,《经济地理》2014年第12期。

赵林、张宇硕、张明等:《东北地区基本公共服务失配度时空格局演化与形成机理》,《经济地理》2015年第3期。

赵儒煜、王媛玉:《东北经济频发衰退的原因探析——从"产业缺位"到"体制固化"的嬗变》,《社会科学战线》2017年第2期。

赵婷、陈钊：《比较优势与产业政策效果：区域差异及制度成因》，《经济学》（季刊）2020年第3期。

赵勇、白永秀：《知识溢出：一个文献综述》，《经济研究》2009年第1期。

赵勇、魏后凯：《政府干预、城市群空间功能分工与地区差距——兼论中国区域政策的有效性》，《管理世界》2015年第8期。

郑成华、罗福周、韩言虎：《创新集群知识网络环境系统构成及实证分析》，《管理世界》2017年第11期。

郑家昊：《引导型政府职能模式的兴起》，中国社会科学出版社2013年版。

郑思齐、宋志达、孙伟增等：《区位导向性政策与高质量就业——基于中国开发区设立的实证研究》，《华东师范大学学报》（哲学社会科学版）2020年第5期。

周黎安：《晋升博弈中政府官员的激励与合作——兼论我国地方保护主义和重复建设问题长期存在的原因》，《经济研究》2004年第6期。

周黎安：《中国地方官员的晋升锦标赛模式研究》，《经济研究》2007年第7期。

周黎安：《转型中的地方政府：官员激励与治理》，格致出版社、上海三联书店、上海人民出版社2017年版。

朱希伟、陶永亮：《经济集聚与区域协调》，《世界经济文汇》2011年第3期。

邹燕：《创新型城市评价指标体系与国内重点城市创新能力结构研究》，《管理评论》2012年第6期。

英文文献

Ambroziak, A. A., "State Aid Policy and Industrial Policy of the European Union", in Ambroziak, A. eds., *The New Industrial Policy of the European Union*, Springer, Cham, 2017, pp. 87–111.

Abeberese, A. B., Chaurey, R., "An Unintended Consequence of Place-based Policies: A Fall in Informality", *Economics Letters*, Vol. 17, No. 16, 2019.

Acharya, V. V., Baghai, R. P., Subramanian, K. V., "Labor Laws and Innovation", *The Journal of Law and Economics*, Vol. 56, No. 4, 2013.

Aggarwal, S., *Do Rural Roads Create Pathways out of Poverty? Evidence from India*, University of California, Santa Cruz. unpublished, 2014.

Agranoff, R., Mcguire, M., "Another Look at Bargaining and Negotiating in Intergovernmental Management", *Journal of Public Administration Research and Theory*, Vol. 14, No. 4, 2004.

Agrawal, A., Cockburn, I., Galasso, A., Oettl, A., "Why Are Some Regions More Innovative Than Others? The Role of Small Firms in the Presence of Large Labs", *Journal of Urban Economics*, 2014, 81.

Ahlfeldt, G. M., Feddersen, A., "From Periphery to Core: Measuring Agglomeration Effects Using High-Speed Rail", *Journal of Economic Geography*, Vol. 18, No. 2, 2018.

Andersson, R., Quigley, J. M., Wilhelmsson, M., "Urbanization, Productivity, and Innovation: Evidence from Investment in Higher Education", *Journal of Urban Economics*, Vol. 66, No. 1, 2009.

Appelbaum, E., Katz, E., "Corporate Taxation, Incumbency Advantage and Entry", *European Economic Review*, Vol. 40, No. 9, 1996.

Armanios, D. E., Eesley, C. E., Li, J., Eisenhardt, K. M., "How Entrepreneurs Leverage Institutional Intermediaries in Emerging Economies to Acquire Public Resources", *Strategic Management Journal*, Vol. 38, No. 7, 2017.

Arrow, K. J., *Economic Welfare and the Allocation of Resources for Invention*, in: *The Rate and Direction of Inventive Activity: Economic and Social Factors*, Princeton: Princeton University Press, 1962.

Asher, S., Novosad, P., "The Employment Effects of Road Construction in Rural India", https://sites.bu.edu/neudc/files/2014/10/paper_243.

Banerjee, A., Duflo, E., Qian, N., "On the Road: Access to Transportation Infrastructure and Economic Growth in China", National Bureau of Economic Research Working Paper, 2012.

Barca, F., Mccann, P., Roiguez-Pose, A., "The Casa for Regional

Development Intervention: Place-based Versus Place-neutral Approaches", *Journal of Regional Science*, Vol. 52, No. 1, 2012.

Bardhan, P., Mookherjee, D., "Capture and Governance at Local and Mational Levels", *American Economic Review*, Vol. 90, 2000.

Becker, S. O., Egger, P., Von Ehrlich, M., "Going NUTS: The Effect of EU Structural Funds on Regional Performance", *Journal of Public Economics*, Vol. 94, 2010.

Becker, S. O., Egger, P. H., Von Ehrlich, M., "Effects of EU Regional Policy: 1989 – 2013", *Regional Science and Urban Economics*, Vol. 69, 2018.

Becker, S. O., Egger P., Von Ehrlich, M., "Absorptive Capacity and the Growth and Investment Effects of Regional Transfers: A Regression Discontinuity Design with Heterogeneous Treatment Effects", *American Economic Journal: Policy*, Vol. 5, 2013.

Becker, S. O., Egger P., Von Ehrlich, M., "Too Much of a Good Thing? On the Growth Effects of the EU's Regional Policy", *European Economic Review*, Vol. 56, 2012.

Beer, A. et al., "Outcomes of Place-Based Policy: What Works and What Does Not?", *Regional Studies Policy Impact Books*, Vol. 2, No. 1, 2020.

Beer, A. et al., "Requirements and Challenges of Place-Based Policy", *Regional Studies Policy Impact Books*, Vol. 2, No. 1, 2020.

Beer, A. et al., "What are the Benefits of Place-Based Policy?", *Regional Studies Policy Impact Books, Vol. 2, No. 1, 2020.

Blouri, Y., Von Ehrlich, M., "On the Optimal Design of Place-based Policies: A Structural Evaluation of EU Regional Transfers", Journal of International Economics, Vol. 12, No. 5, 2020.

Boldrin, M., Canova, F., "Inequality and Convergence in Europe's Regions: Reconsidering European Regional Policies", Econmic Policy, Vol. 16, No. 32, 2001.

Bondonio, D., Engberg, J., "Enterprise Sones and Local Employment: Evidence from the States' Programs", Regional Science and Urban Economics, Vol. 30, 2000.

Bourdin, S., "Modeling and Simulation of European Structural Funds: Convergence or Divergence of Regions with the Enlargement?", ERSA Conference Papers, European Regional Science Association, 2012.

Brachert, M., Dettmann, E., Titze, M., "The Regional Effects of a Place-Based Policy-Causal Evidence from Germany", Regional Science and Urban Economics, Vol. 79, 2019.

Briant, A., Lafourcade, M., Schmutz, B., "Can Tax Breaks Beat Geography? Lessons from the French Enterprise Zone Experience", Working Papers, 2012.

Brown, J. R., Martinsson, G., Petersen, B. C., "Law, Stock Markets, and Innovation", The Journal of Finance, Vol. 68, No. 4, 2013.

Busso, M., Gregory, J., Kline, P., "Assessing the Incidence and Efficiency of a Prominent Place Based Policy", *American Economics Review*, Vol. 103, No. 2, 2013.

Busso, Matías, Gregory, Jesse, Kline, Patrick., "Assessing the Incidence and Efficiency of a Prominent Place Based Policy", *American Economic Review*, Vol. 103, No. 2, 2013.

Capron, Henri, "Public Support to Business R&D: A Survey and Some new Quantitative Evidence", Policy Evaluation in Innovation Andtechnology: Toward Best Practices (OECD Proceedings) OECD, 1997.

Castillo, V., Lucas Figal Garone, Alessandro Maffioli and Lina Salazar, The Causal Effects of Regional Industrial Policies on Employment: A Synthetic Control Approach, Regional Science and Urban Economics, Vol. 67, 2017.

Chakravorty, U., Pelli, M., Marchand, B. U., "Does the Quality of Electricity Matter? Evidence from Rural India", *Econ. Behav. Organ.*, Vol. 107, 2014.

Chaurey, R., "Location-Based Tax Incentives: Evidence from India", *Journal of Public Economics*, Vol. 156, No. 12, 2016.

Chetty, R., Looney, A., Kroft, K., "Salience and Taxation: Theory and Evidence", *American Economic Review*, Vol. 99, No. 4, 2009.

Criscuolo, C., Martin, R., Overman, H., Van Reenen, J., "Some Causal Effects of an Industrial Policy", *American Economic Review*,

Vol. 109, 2019.

Cummins, J. G., Hassett, K. A., Hubbard, R. G., "Tax Reforms and Investment: A Cross-Country Comparison", *Public Economics*, Vol. 62, 1996.

Czarnitzki, D., Licht, G., "Additionality of Public R&D Grants in a Transition Economy", *Economics of Transition*, Vol. 14, No. 1, 2010.

Da Rin, M., Di Giacomo, M., Sembenelli, A., Entrepreneurship, Firm Entry, and the Taxation of Corporate Income: Evidence from Europe, Public Economics, Vol. 95, 2011.

Dall'Erba, S., Gallo, J. L., "Regional Convergence and the Impact of European Structural Funds over 1989 – 1999: A Spatial Econometric Analysis", *Regional Science*, Vol. 87, No. 2, 2008.

De la Torre, J., García-Zúñiga, M., "Was it a Spanish Miracle? Development Plans and Regional Industrialization, 1950 – 1975", in Grabas, C., Nützenadel, A. eds., *Industrial Policy in Europe after 1945*, Palgrave Macmillan, London, 2014.

Dettmann, E., Brachert, M., Titze, M., "Identifying the Effects of Place-Based Policies-Causal Evidence from Germany", CESifo Working Paper, 2016.

Dinkelman, T., "The Effects of Rural Electrification on Employment: New Evidence from South Africa", *American Economic Review*, Vol. 101, No. 7, 2011.

Djankov, S., Ganser, T., McLiesh, C., Ramalho, R., Shleifer, A. et al., "The Effect of Corporate Taxes on Investment and Entrepreneurship", *American Economic Journal: Macroeconomics*, Vol. 2, 2010.

Donaldson, D., "Railroads of the Raj: Estimating the Impact of Transportation Infrastructure", National Bureau of Economic Research, Working Paper 16487.

Eeckhout, J., Guner, N., "Optimal Spatial Taxation: Are Big Cities too Small?", *Mimeo*, 2017.

Egger, P. H., "Trade and the Environment: Introduction to the Special Issue", *The World Economy*, Vol. 36, No. 3, 2013.

Ehrlich, M. V., Overman, H. G., "Place-Based Policies and Spatial Disparities across European Cities", *Journal of Economic Perspectives*, Vol. 34, No. 3, 2020.

Einiö, E., Overman, H. G., "The (displacement) Effects of Spatially Targeted Enterprise Initiatives: Evidence from UK", *LEGI. SERC Discussion Papers*, Vol. 191, 2016.

Elvery, J. A., "The Impact of Enterprise Zones on Resident Employment: An Evaluation of the Enterprise Zone Programs of California and Florida", *Economic Development Quarterly*, Vol. 23, No. 1, 2009.

Fagerberg, J., Mowery, D. C., Nelson, R. R., *The Oxford Handbook of Innovation*, Oxford: Oxford University Press, 2005.

Faggio, G., "Relocation of Public Sector Workers: Evaluating a place-based policy", *Journal of Urban Economics*, Vol. 111, No. 3, 2019.

Fajgelbaum, P. D., Gaubert, C., "Optimal Spatial Policies, Geography and Sorting", National Bureau of Economic Research, Working Paper 24632.

Fajnzylber, P., Maloney, W. F., Montes-Rojas, G. V., "Does Formality Improve Micro-Firm Performance? Evidence from the Brazilian SIMPLES Program", *Journal of Development Economics*, Vol. 94, 2011.

Falck, O., Koenen, J., Lohse, T., "Evaluating a Place-Based Innovation Policy: Evidence from the Innovative Regional Growth Cores Program in east Germany", *Regional Science and Urban Economics*, Vol. 79, 2019.

Ferry, M., "Comparing the Influence of Structural Funds Programmes on Regional Development Approaches in Western Scotland and Silesia: Adaptation or Assimilation?", *European Journal of Spatial Development*, 2007.

Fons-Rosen, C., Scrutinio, V., Szemeredi, K., "Colocation and Knowledge Diffusion: Evidence from Million Dollar Plants", *CEP Discussion Paper*, 2016.

Freedman, M., "Targeted Business Incentives and Local Labor Markets", *Human Resource Management*, Vol. 48, No. 2, 2013.

Freedman, Matthew., "Persistence in Industrial Policy Impacts: Evidence from Depression-era Mississippi", *Journal of Urban Economics*, Vol. 102,

2017.

Garcilazo, E., Oliveira, M. J., "The Contribution of Regions to Aggregate Growth in the OECD", OECD Regional Development Working Papers, Vol. 28, 2013.

Gaubert, C., "Firm Sorting and Agglomeration", *American Economic Review*, Vol. 108, No. 11, 2017.

Gebhardt, C., "A Shift of Paradigm in German Innovation Policy: Energy Transition", Iccpm Delivering Once in a Generation Transformation Capital and Non-Capital Intensive Programmes. 2014.

Gentry, W. M., Hubbard, R. G., "Tax Policy and Entrepreneurial Entry", *American Economic Review*, Vol. 90, 2000.

Gentzkow, M., "Television and Voter Turnout", *The Quarterly Journal of Economics*, Vol. 121, No. 3, 2006.

Givord, P., Rathelot, R., Sillard, P., "Place-Based Tax Exemptions and Displacement Effects: An Evaluation of the Zones Franches Urbaines Program", *Regional Science and Urban Economics*, Vol. 43, No. 1, 2013.

Glaeser, E. L., Gottlieb, J. D., "The Economics of Place-Making Policies. Brook. Pap", *Econ. Act*, Vol. 39, No. 1, 2008.

Glaeser, E. L., "Should the Government Rebuild New Orleans, Or Just Give Residents Checks?", *The Economists Voice*, Vol. 2, No. 4, 2005.

Gobillon, L., Magnac, T., Selod, H., "Do Unemployed Workers Benefit from Enterprise Zones? The French Experience", *Journal of Public Economics*, 2012, 96.

Golejewska, A., "EU Structural Funds as a Source of Investment Financing in Tri-City Small and Medium Enterprises", Working Papers of Economics of European Integration Division, 2015.

Greenbaum, R., Engberg, J., "An Evaluation of State Enterprise Zone Policies", *Review of Policy Research*, Vol. 17, No. 2 – 3, 2010.

Greenstone, M., Gallagher, J., "Does Hazardous Waste Matter? Evidence from the Housing Market and the Superfund Program", *Econ*, 123.

Greenstone, M., Hornbeck, R., Moretti, E., "Identifying Agglomeration Spillovers: Evidence from Winners and Losers of Large Plant Openings", *Journal of Political Economy*, Vol. 118, No. 3, 2010.

Greenstone, M., Hornbeck, R., Moretti, E., "Identifying Agglomeration Spillovers: Evidence From Winners and Losers of Large Plant Openings", *Journal of Public Economics*, Vol. 118, 2010.

Guellec, D., Van Pottelsberghe De La Potterie, B., "The Impact of Public R&D Expenditure on Business R&D", *Economics of Innovation and New Technology*, Vol. 12, No. 3, 2003.

Ham, J. C., Swenson, C., Imrohoroglu, A., Song, H., "Government Programs Can Improve Local Labor Markets: Evidence from State Enterprise Zones, Federal Empowerment Zones and Federal Enterprise

Community", *Journal of Public Economics*, Vol. 95, 2011.

Hanson, A., "Local Employment, Poverty, and Property Value Effects of Geographically-Targeted Tax Incentives: An Instrumental Variables Approach", *Journal of Urban Economics*, Vol. 39, No. 6, 2009.

Hanson, A., Rohlin, S., "Do Spatially Targeted Redevelopment Programs Spillover?", *Journal of Urban Economics*, Vol. 43, No. 1, 2013.

Hasan, R., Jiang, Y., Rafols, R. M., "Place-Based Preferential tax Policy and Industrial Development: Evidence from India's Program on Industrially Backward Districts", *Journal of Development Economics*, Vol. 150, No. 2, 2021.

Hausmann, R., Pritchett, L., Rodrik, D., "Growth Accelerations", *Journal of Economic Growth*, Vol. 10, 2005.

Heilmann, S., "Policy Experimentation in China's Economic Rise", *Studies in Comparative International Development*, Vol. 43, No. 1, 2008.

Henschel, B., Pohl, C., Thum, M., "Demographic Change and Regional Labour Markets: The Case of Eastern Germany", *CESifo Working Paper Series*, Vol. 5, 2008.

Hewings, G. J. D., "Spatially Blind Trade and Fiscal Impact Policies and Their Impact on Regional Economies", *The Quarterly Review of Economics and Finance*, Vol. 54, No. 4, 2014.

House, C. L., Shapiro, M. D., "Phased-in Tax Cuts and Economic Activity", *American Economic Review*, Vol. 96, 2006.

Jalan, J., Ravallion, M., "Are there Dynamic Gains from a Poor-Area Development Program?", *Journal of Public Economics*, Vol. 67, 1998.

Jia, J., Ma, G., Qin, C., Wang, L., "Place-Based Policies, State-Led Industrialisation, and Regional Development: Evidence from China's Great Western Development Programme", *European Economic Review*, Vol. 123, 2020.

Joseba De la Torre, and Mario García-Zúñiga, "Was it a Spanish Miracle? Development Plans and Regional Industrialization, 1950 – 1975", in Christian Grabas, and Alexander Nützenadel eds., *Industrial Policy in Europe after 1945: Wealth, Power and Economic Development in the Cold War*, Springer, 2014, pp. 162 – 183.

Kerr, S. P., Kerr, W., Özden, Ç., Parsons, C., "High-Skilled Migration and Agglomeration", *Annual Review of Economics*, No. 9, 2017.

Khanna, R., Sharma, C., "Does Infrastructure Stimulate Total Factor Productivity? A Dynamic Heterogeneous Panel Analysis for Indian Manufacturing Industries", *The Quarterly Review of Economics and Finance*, Vol. 79, No. 2, 2020.

Kim, L., *Imitation to Innovation*, Boston: Harvard Barvard Business School Press, 1997.

Kline, P., Moretti, E., "Local Economic Development, Agglomeration

Economies, and the Big Push: 100 Years of Evidence from the Tennessee Valley Authority", *The Quarterly Journal of Economics*, Vol. 129, No. 1, 2014 (a).

Kline, P., Moretti, E., "People, Places, and Public Policy: Some Simple Welfare Economics of Local Economic Develoment Programs", *Social Science Electronic Publishing*, Vol. 6, No. 1, 2014 (b).

Kline, P., "Place Based Policies, Heterogeneity, and Agglomeration", *American Economic Review: Papers and Proceedings*, Vol. 100, No. 2, 2010.

Lall, S., Teubal, M., " 'Market-Stimulating' Technology Policies in Developing Countries: A Framework with Examples from East Asia", *World development*, Vol. 26, No. 88, 1998.

Lewis, B. D., "Is Central Government Intervention Bad for Local Outcomes? Mixed Messages from Indonesia", *The Journal of Development Studies*, Vol. 52, No. 2, 2016.

Li, P., Lu, Y., Wang, J., "Does Flattening Government Improve Economic Performance? Evidence From China", *Journal of Development Economics*, No. 123, 2016.

Liu, C., Ma, G., "Are Place-Based Policies Always a Blessing? Evidence from China's National Poor County Programme", *The Journal of Development Studies*, Vol. 55, No. 7, 2019.

Liu, Y., Lu, M., Xiang, K., "Balance through Agglomeration: A

Race between Geography and Policy in China's Regional Development", *China & World Economy*, Vol. 26, No. 6, 2018.

Lohse, T., Mcmillen, D. P., Zenou, Y., "Evaluating A Place-Based Innovation Policy: Evidence from the Innovative Regional Growth Cores Program in East Germany", *Regional Science and Urban Economics*, Vol. 79, No. 11, 2019.

Lu, Y., Wang, J., Zhu, L., "Place-Based Policies, Creation, and Agglomeration Economies: Evidence from China's Economic Zone Program", *American Economic Journal: Economic Policy*, Vol. 11, No. 3, 2019.

Macleod, C., "Integrating Sustainable Development into Structural Funds Programmes: An Evaluation of the Scottish Experience", *European Environment*, Vol. 15, No. 5, 2005.

Marianne, B., Esther, D., Sendhil, M., "How Much Should We Trust Differences-in-Differences Estimates?", *Quarterly Journal of Economics*, Vol. 119, No. 1, 2004.

Martin, R., Sunley, P., "Conceptualizing Cluster Evolution: Beyond the Life Cycle Model?", *Regional Studies*, Vol. 45, No. 10, 2011.

McKenzie, D., Sakho, Y. S., "Does it Pay firms to Register for Taxes? The Impact of Formality on firm Profitability", *Journal of Development Economics*, Vol. 91, 2010.

Melo, Patricia C. et al., "Testing for Labour Pooling as a Source of Agglomeration Economies: Evidence for Labour Markets in England and Wales", *Papers in Regional Science*, Vol. 93, No. 1, 2013.

Mian, A., Sufi, A., "The Effects of Fiscal Stimulus: Evidence from the 2009 Cash for Clunkers Program", *Econ*, 2012.

Mookherjee, D., "Political Decentralization", *Annual Review of Economics*, Vol. 7, 2015.

Neumark, D., Kolko, J., "Do Enterprise Zones Create Jobs? Evidence from California's Enterprise Zone Program", *Journal of Urban Economics*, No. 68, 2010.

Neumark, D., Simpson, H., *Place-Based Policies*, Elsevier B. V, 2015.

Neumark, D., Simpson, H., "Place-based policies. National Bureau of Economic", Research Working Paper, 2014.

Nicholas, T., Lee, J., "The Origins and Development of Silicon Valley", *Harvard Business Review*, January 2013.

O'Keefe, S., "Job Creation in California's Enterprise Zones: A Comparison Using a Propensity Score Matching Model", *Journal of Urban Economics*, Vol. 55, 2004.

Ossa, R., "A Quantitative Analysis of Subsidy Competition in the U. S.", NBER Working Paper, 2017.

Park, A., Wang, S., Wu, G., "Regional Poverty Targeting in China", *Journal of Public Economics*, Vol. 86, 2002.

Partridge, M. D., Rickman, D. S., Olfert, M. R., Tan, Y., "When

Spatial Equilibrium Fails: Is Place-Based Policy Second Best?", *Regional Studies*, Vol. 49, No. 8, 2015.

Pizzuto, P., Office, E., "Regional Effects of Monetary Policy in the U. S.: An Empirical Re-assessment", *Economics Letters*, Vol. 190, 2020.

Puigcerver-Penalver, M. C., "The Impact of Structural Funds Policy on European Regions' Growth: A Theoretical and Empirical Approach", *European Journal of Comparative Economics*, Vol. 4, No. 2, 2007.

Ratchukool, N., Igel, B., "The Effect of Proximity Between Universities and Research Institutes and Firms on Firm Innovativeness", *Asian Journal of Technology Innovation*, Vol. 26, No. 1, 2018.

Ravallion, M., Chen, S., "Hidden impact? Household Saving in Response to a Poor-Area Development Project", *Journal of Public Economics*, Vol. 89, No. 11 – 12, 2005.

Rodrik, D., "Industrial Policy for the Twenty-First Century", CEPR Discussion Paper, 2004.

Romer, C. D., Romer, D. H. et al., "The Macroeconomic Effects of tax Changes: Estimates Based on a new Measure of Fiscal Shocks", *American Economic Review*, Vol. 100, 2010.

Schumpeter, J., *The Economic Theory of Development*, Oxford: Oxford University Press, 1912.

Seravalli, G., *An Introduction to Place-Based Development Economics and*

Policy, Cham: Springer International Publishing AG, 2015.

Shenoy, A., "Regional Development Through Place-based Policies-Evidence from a Spatial Discontinuity", *Journal of Development Economics*, Vol. 130, 2017.

Solow, R. M. A., "Contribution to the Theory of Economic Growth", *Quarterly Journal of Economics*, Vol. 12, 1956.

Spence, M., "Cost Reduction, Competition, and Industry Performance", *Econometrica*, Vol. 52, No. 1, 1984.

Stefanescu, C. C. H., "Structural and Cohesion Funds from the European Union and Their Use within the Public Order Institution", *Theoretical and Applied Economics*, Vol. 12, No. 517, 2008.

Steil, Benn, Victor, D. G., Nelson, R. G., *Technological Innovation and Economic Performance*, Princeton: Princeton University Press, 2002.

Tan, Z. Y., Zhao, L. Y., "A Historical Analysis of the Process of the Great-leap-forward Development of West China", *Journal of Yunnan University of Nationalities (Social Sciences)*, 2013.

Védrine, L., "Allocation of European Structural Funds, decentralization and strategic spatial interactions", *Regional Studies*, Vol. 54, No. 1, 2018.

Von Ehrlich, M., Seidel, T., "The Persistent Effects of Place-Based Policy: Evidence from the West-German Zonenrandgebiet", *American Economic Journal: Economic Policy*, Vol. 10, No. 4, 2018.

Wang, J., "The Economic Impact of Special Economic Zones: Evidence from Chinese Municipalities", *Journal of Development Economics*, Vol. 101, 2013.

Wei, S., "Review of Effective Convergence between China's Rural Minimum Subsistence Security System and the Development Policy of Poverty Alleviation", Vol. 3, No. 4, 2011.

Xu, J, Yeh, A. G. O., "Interjurisdictional Cooperation through Bargaining: The Case of the Guangzhou-Zhuhai Railway in the Pearl River Delta, China", *The China Quarterly* (London), No. 213, 2013.

Yang, Y, Sherbinin, A. D., Liu, Y., "China's Poverty Alleviation Resettlement: Progress, Problems and Solutions", *Habitat International*, Vol. 98, 2020.

Zhang, W., Kockelman, K. M., "Optimal Policies in Cities with Congestion and Agglomeration Externalities: Congestion Tolls, Labor Subsidies, and Place-Based Strategies", *Journal of Urban Economics*, No. 95, 2016.

Zhang, W. et al., "Environmental Impact of National and Subnational Carbon Policies in China Based on A Multi-Regional Dynamic CGE Model", *Journal of Environmental Management*, Vol. 270, 2020.